Os olhos do coração
a meditação na tradição cristã

Informações sobre Meditação Cristã
SITE INTERNACIONAL - www.wccm.org
SITE NACIONAL - www.wccm.org.br

Laurence Freeman

Os olhos do coração
a meditação na tradição cristã

2ª edição

Palas
Athena

Copyright © 2004 by *Laurence Freeman*

                Organização: *Lucia Brandão S. Moufarrige*
                                    Sonia B. Pimentel de Mello
    Coordenação editorial: *Emilio Moufarrige*
                  Tradutores: *Arnaldo Bassoli, Cristiana Ferraz Coimbra,*
                                    Marcos Fávero Florence de Barros, Sonia
                                    B. Pimentel de Mello
  Gravação e transcrição: *Integrantes dos grupos de Meditação*
                                    Cristã de São Paulo, Amélia Kussama
                                    Matsunaga, Ana Alves da Silva,
                                    Rosalinda Ribeiro de Araújo, Sergio Mari
                          Revisão: *Adir de Lima, Lucia Brandão S. Moufarrige,*
                                    Therezinha Siqueira Campos
Revisão/atualização ortográfica: *Lucia Benfatti*
                 Foto do autor: Cortesia de *Camila Butcher*
                   Projeto gráfico: *Maria do Carmo de Oliveira*
   Diagramação da nova edição: *César Augusto Martins de Gouveia*

Catalogação na fonte do Departamento Nacional do Livro

04-0920
Freeman, Laurence
   Os olhos do coração : a meditação na tradição cristã / Laurence Freeman ;
[organizadoras Lucia Brandão S. Moufarrige, Sonia B. Pimentel de Mello].
– São Paulo : Palas Athena, 2004

   Vários tradutores.
   256 págs. 14 x 21cm –   ISBN 85-7242-047-9

   1. Espiritualidade 2. Meditação – Cristianismo 3. Misticismo –
Cristianismo 4. Sagrado 5. Tradição (Teologia) I. Moufarrige, Lucia Brandão S..
II. Mello, Sonia B. Pimentel de. III. Título. IV. Título: A meditação na tradição
cristã.

CDD - 248.34

2ª edição, com atualização ortográfica, novembro, 2014

Todos os direitos reservados e protegidos
pela Lei 9610 de 19 de fevereiro de 1998.
É proibida a reprodução total ou parcial, por quaisquer meios,
sem a autorização prévia, por escrito, da Editora.

Direitos adquiridos para a língua portuguesa por
PALAS ATHENA EDITORA
Alameda Lorena, 355 - Jardim Paulista
01424-001 – São Paulo – SP – Brasil
fone: (11) 3266-6188
www.palasathena.org.br

Sumário

Prefácio 9
Nota da editora 11
Ecumenismo, diálogo inter-religioso e a não violência 13
O jugo suave 29
O significado da fé 47
Quem é Deus? 60
Quem é Jesus? 71
Quem ou o que é o Espírito Santo? 84
Compaixão 96
Esclarecendo dúvidas 110
Além do sacrifício: compreendendo a violência,
religião e meditação 120
A nova santidade: espiritualidade
para os tempos atuais e meditação 144
A tradição cristã da meditação 167
A vida como uma jornada espiritual 190
O entendimento do perdão 227

Prefácio

A visão que temos do mundo, do Universo, de Deus, passa por "filtros" que ampliam ou restringem nossas percepções e entendimentos. Como será exposto nesta obra, há três níveis de visão, ou três maneiras de olhar – o olhar físico, que vê os seres e as coisas; o olhar da mente, que pensa sobre os seres e coisas e explora o significado e as conexões que existem naquilo que é visto; e o olhar do coração, que nasce no centro mais profundo de nós, onde somos mais verdadeiros. O olhar do coração atravessa os outros olhares para ver além do que normalmente é visível.

A possibilidade de *ver além* se dá pela prática da meditação, que purifica o coração e propicia um olhar mais límpido, amoroso e sem pré-conceitos.

Com suas palavras, Dom Laurence nos faz ver e entender a vida com o coração. Somos transportados por suas ideias a esferas de compreensão pouco comuns em nosso cotidiano.

Sua interpretação dos ensinamentos de Jesus Cristo e do cristianismo abre novas perspectivas e é nesse espírito de renovação que organizamos esta obra, fruto de aulas, seminários e retiros realizados no Brasil. É gratificante poder compartilhar com o público leitor o que foi exposto em salas e locais restritos.

Este livro proporciona reflexões sobre o sagrado e sua manifestação em cada dia de nossas vidas, e inspira àqueles que desejam se firmar na prática meditativa a abrir seu coração para o fundamental, que é viver bem e oferecer bem-estar a todos os seres.

Que todos os leitores sejam tocados por esse olhar!

Lucia Brandão e *Sonia Mello*

Nota da Editora

Este livro reúne palestras sobre meditação cristã realizadas no Brasil por Dom Laurence Freeman. A estrutura utilizada nas apresentações do palestrante serviram como guia para a organização da obra. Portanto em todos os textos há sempre uma fala introdutória em que o autor procura expor suas ideias a respeito da meditação e de sua prática, seja individual ou em grupo. Para fazer isso aproxima-se do que pode ser chamado de o sentimento do sagrado, discorrendo sobre temas como "o significado da fé", "o entendimento do perdão" e "a vida como uma jornada espiritual", entre outros.

Nessa estrutura de apresentação, após o desenvolvimento do tema Dom Laurence propõe sempre um breve período de meditação, porque acredita que tão importante quanto as informações que transmite com as palavras são os momentos em que passa meditando com as pessoas, nos encontros dos quais participa. Pelo mesmo motivo foram mantidas no livro as indicações sobre as pausas para meditação, para que o leitor possa incluí-las em sua própria prática, à medida que avança na leitura, se assim o desejar.

Finalizando a palestra é apresentada uma referência bíblica que complementa a meditação e em seguida é dada ao público a oportunidade de elucidar algumas questões. Esses esclarecimentos estão mantidos nesta publicação, uma vez que invariavelmente completam e enriquecem o tema desenvolvido.

Resta lembrar que as palestras aqui reproduzidas foram dadas em ocasiões, locais e para públicos diferentes, razão pela qual são inevitáveis algumas repetições de exemplos, citações e ensinamentos. O que de maneira nenhuma interfere na fluidez e profundidade do pensamento do autor.

Ecumenismo, diálogo inter-religioso e a não violência

Podemos iniciar nosso encontro com a prece bonita e universal de São Francisco de Assis:[1]

Senhor,
Fazei-me um instrumento de vossa paz.
Onde houver ódio, que eu leve o amor;
Onde houver ofensa, que eu leve o perdão;
Onde houver discórdia, que eu leve a união;
Onde houver dúvida, que eu leve a fé;
Onde houver erro, que eu leve a verdade;
Onde houver desespero, que eu leve a esperança;
Onde houver tristeza, que eu leve a alegria;
Onde houver trevas, que eu leve a luz.
Ó Mestre,
Fazei que eu procure mais consolar, que ser consolado;
Compreender, que ser compreendido;
Amar, que ser amado;
Pois é dando que se recebe,
É perdoando que se é perdoado,
E é morrendo que se vive para a vida eterna.

---

[1] Transcrição segundo o texto contido em *A Oração de São Francisco: uma mensagem de paz para o mundo atual*, de Leonardo Boff, Ed. Sextante, 1999.

Sou muito grato pela oportunidade desta palestra e gostaria de iniciar com algumas reflexões sobre o significado da fé. Acho que é uma palavra que usamos com frequência sem compreender exatamente o seu sentido. Vamos analisar o ecumenismo num contexto de violência, e para entender a importância do ecumenismo é preciso compreender o significado da fé. Gostaria de refletir um pouco mais sobre o significado de ecumenismo e diálogo, e também sobre a relação do ecumenismo cristão com o diálogo inter-religioso. Isso nos levará à questão central da oração e da natureza da oração, especialmente a dimensão da oração a que chamamos contemplação, oração do coração ou meditação. Ao final da palestra, se vocês ainda estiverem aqui os convidarei a fazer a experiência da meditação em conjunto, por alguns minutos. Espero também que tenhamos oportunidade para discussão e perguntas, talvez a parte mais rica do encontro.

Em primeiro lugar, quando falamos fé, ou qualquer outra palavra, o seu significado é determinado pelo contexto em que é usada. Uma amiga há pouco tempo foi profundamente magoada pela infidelidade do marido que, depois de 20 anos de casamento, abandonou-a. A palavra fé significou algo muito especial para ela naquele momento. A fé pode ter um significado preciso para os teólogos quando discutem entre si questões de teologia, mas penso que quando budistas, cristãos, judeus ou hindus meditam juntos a palavra fé adquire um significado ligeiramente diferente.

A palavra grega para fé – *hypostasis* – não significa acreditar; tem muito mais o significado de compromisso pessoal ou relacionamento pessoal. Quando Jesus nos diz: "Crede em mim"[2],

---
[2] *João* 14, 1

não quer dizer que devemos ter uma compreensão intelectual Dele, mas estar em relacionamento com Ele. A natureza de um relacionamento fiel é o compromisso que o mantém mesmo durante as adversidades, é o que faz as pessoas permanecerem num relacionamento duradouro. Você não pode dizer a uma pessoa: *serei fiel a você até o final do dia*. Ser fiel significa, em última instância, assumir um compromisso incondicional.

Santo Agostinho diz que não somos salvos pela crença, somos salvos pela fé, porque até mesmo o diabo acredita em Deus. No Evangelho, Jesus diz várias vezes para as pessoas a quem Ele cura: "A tua fé te salvou" ou "A tua fé te curou".

Fé é a nossa capacidade de compromisso, também a nossa capacidade de transcendência, pois quando nos comprometemos, transcendemos nossas limitações. Portanto dizemos também que fé é a nossa capacidade de amar. Ao pensarmos dessa forma na fé, acho que a ideia de ecumenismo adquire uma dimensão mais profunda. Historicamente, muitos dos conflitos no mundo são causados ou justificados pela religião. Se olharmos para os países em conflito hoje, continua a ocorrer o mesmo. Mais adiante falarei um pouco sobre o trabalho da nossa comunidade na Irlanda do Norte, onde católicos e protestantes estão em conflito violento. A intolerância também é causa de violência entre cristãos e muçulmanos, como temos visto recentemente. O crescimento do fundamentalismo hindu na Índia é outro exemplo. Outro perigo é a atitude do Ocidente com relação ao Islã. Cada vez mais somos encorajados a encarar o Islã de maneira demoníaca. Como sabemos, nisso reside o permanente conflito no Oriente Médio.

Por que as religiões são tão frequentemente a causa de contendas, ódio e longos ciclos de violência, se no coração de todas as religiões existe a intuição da bondade do ser humano e de sua capacidade de amar? A razão é que esquecemos a importante diferença entre crença e fé. Nossas crenças divergentes podem tornar-se causa de divisões e estas podem nos levar à violência e aos conflitos. A natureza da crença deve ser estudada separadamente da natureza da fé. Podemos dizer que crenças são a forma como descrevemos a nossa experiência de fé. E nossa experiência de Deus, em última instância, não pode ser colocada em palavras. Quando as pessoas religiosas se esquecem do fato de que Deus não pode ser descrito, elas caem no preconceito e nas divisões. Deve haver uma razão pela qual as três grandes religiões da Bíblia encontram-se tão profundamente divididas e rejeitando-se umas às outras. Voltarei a falar sobre essa experiência de fé mais tarde.

À luz do que abordamos até agora, o que significa ecumenismo? Ecumenismo é o trabalho de trazer pessoas de diferentes crenças para a unidade, é uma tarefa contínua, que nunca pára. Há sempre o perigo de que nossas crenças nos levem à divisão e ao conflito. Talvez seja fácil sentar aqui e falar sobre ecumenismo, porque afinal somos pessoas inteligentes, tolerantes e liberais, e ecumenismo é uma palavra que nos agrada. Mas para algumas pessoas a palavra ecumenismo é um palavrão. Elas estariam traindo suas crenças ou sua fé se estabelecessem um relacionamento ecumênico. Penso que na raiz dessa recusa ao ecumenismo está o medo, medo de que a unidade destrua sua identidade, um medo humano profundo e universal. O medo de perder a identidade é também um grande problema nos relacionamentos pessoais. Temos dificuldade em nos comprometer com outra pessoa ou com alguma coisa. Na raiz do fundamentalismo está o medo e o isolamento. É a partir do ego humano que o medo e o desejo de estar separado aparecem. De alguma forma temos que apresentar o ecumenismo como algo que não ameaça a identidade. É um grande desafio para pessoas como nós, presentes a este encontro.

O medo é um estado irracional. Nossa mente fica nebulosa quando nos encontramos nesse estado. É muito difícil falar racionalmente com alguém que está em estado de medo irracional. Exatamente as pessoas que queremos atrair para a experiência ecumênica são frequentemente aquelas que se recusam a isso. Chegamos então ao segundo ponto que vou abordar, que é a natureza do diálogo. O diálogo é a vida do ecumenismo, o trabalho de trazer pessoas de diferentes crenças para a unidade. É uma atividade humana muito sofisticada e hoje, de certa forma, estamos apenas começando a descobrir o seu sentido. O objetivo do diálogo não é converter a outra pessoa, tampouco é apenas negociar com as diferentes tradições. Se o diálogo permanecer somente nesse nível, não trará a verdadeira unidade, não chegará à raiz do medo, o medo que leva à raiva, a raiva que leva à violência.

Então, qual é a verdadeira natureza do diálogo? É algo desafiador e difícil. Significa que você troca pontos de vista com o outro, expande a sua própria perspectiva da realidade, tenta ver o mundo a partir das crenças da outra pessoa. Isso não significa que você aceite essas crenças, mas que tem a coragem de olhar o mundo a partir da visão do outro. Esse é um desafio difícil e exigente, mas é a base real de qualquer relacionamento. Se o diálogo for bem-sucedido nessa direção, nos levará à amizade e esta é a condição básica para o ecumenismo. A ideia de amizade é uma das mais antigas da mente humana.

Quando os gregos começaram a filosofar, um dos primeiros pensamentos que tiveram foi a respeito da natureza da amizade. No mundo clássico, a amizade era a meta mais elevada da vida humana. Nós perdemos o sentido de sua importância. A tradição teológica ocidental herdou essa reflexão clássica sobre a natureza da amizade. Especialmente a comunidade teológica monástica refletiu muito sobre o significado da amizade espiritual. Falavam dos seus diferentes tipos: a de conveniência, quando nos relacionamos com alguém visando fazer um bom negócio, conseguir um emprego melhor; a do prazer, quando gostamos de estar com alguém pelo prazer da companhia; mas a forma mais elevada de amizade humana é a espiritual. É quando entramos em relacionamento com outra pessoa no plano mais profundo, e é nesse plano que somos capazes de entender a verdadeira natureza da amizade.

Há duas grandes características da amizade nesse nível profundo: uma delas é que é necessário haver igualdade entre os amigos; não se pode ser amigo de alguém se pensamos que somos superiores ou inferiores a ele; a outra é que se somos realmente amigos de alguém, desejamos apenas o bem para ele.

O diálogo e a amizade estão no coração do ecumenismo. É preciso um grande compromisso humano para que esse objetivo seja alcançado. Lembrem-se de que eu disse que a essência da fé é o compromisso. Precisamos ter grande profundidade pessoal para que possamos ingressar no verdadeiro ecumenismo. É necessário estar em contato com nosso próprio coração. Penso que isso se aplica ao ecumenismo que precisamos desenvolver entre as denominações cristãs. Mas se aplica também ao encontro do cristianismo com outras religiões, hoje. Sinto que a fé é uma experiência que não pertence exclusivamente a nenhuma denominação religiosa. A experiência da fé, que nos conduz à experiência do amor, leva-nos ao terreno comum, à base comum, compartilhada com todos os seres humanos.

Concluo descrevendo um pouco da experiência da nossa comunidade no campo do ecumenismo. Nosso trabalho é ensinar meditação na tradição cristã, e nossa comunidade é essencialmente ecumênica. Os grupos de meditação cristã reúnem-se no mundo todo sob um mesmo "guarda-chuva", não se reservando nenhuma denominação em particular. É uma experiência real relatada por aqueles que meditam juntos, o fato de que desenvolvem uma amizade espiritual. Se você tiver amigos de diferentes denominações, certamente as estruturas mudarão. As diferentes crenças não serão mais necessariamente divisões. O poder da amizade é uma grande força política e social.

Em 1994, convidamos Sua Santidade o Dalai Lama para dirigir o Seminário John Main, que se realizou em Londres.[3] O Dalai Lama conheceu John Main dois anos antes deste morrer, e a partir desse encontro estabeleceu-se um relacionamento que nos levou a fazer esse convite. Quando o Dalai Lama aceitou o convite, tivemos que decidir o que pediríamos para ele falar durante o Seminário. O Espírito Santo desceu sobre nós com uma ótima ideia. Pedimos ao Dalai Lama para comentar os Evangelhos a partir de sua posição de monge budista. Para minha surpresa, ele aceitou imediatamente, e nos três ou quatro dias do Seminário o Dalai Lama comentou oito passagens diferentes dos quatro Evangelhos. Havia sempre, depois de cada comentário, diálogos e discussões. Durante o Seminário todos os participantes também meditavam juntos em silêncio, três vezes ao dia. Não tenho dúvida de que foram esses períodos de silêncio que tornaram os períodos de diálogo tão ricos e entusiasmantes. Não há forma de convencer ninguém dessa verdade, a não ser a própria experiência.

---

[3] Seminário realizado anualmente pela Comunidade Mundial de Meditação Cristã para homenagear a memória de John Main e dar continuidade ao seu trabalho; cada ano aborda um tema diferente.

O Seminário recebeu o nome de *A bondade no coração (The Good Heart)* e tornou-se um marco do diálogo inter-religioso. O Dalai Lama é um grande mestre na arte de dialogar. Ele não tem nenhuma dúvida de que é budista e permanecerá budista, e não tinha medo de que tentássemos convertê-lo, por isso foi capaz de entrar no ponto de vista cristão. Penso que essa é a essência do diálogo. Durante o processo ele disse que aprendeu muito sobre cristianismo, mudou algumas de suas ideias sobre ele, e os cristãos que estavam presentes puderam olhar para seus próprios textos e crenças tradicionais sob nova luz. Onde quer que haja ecumenismo verdadeiro, diálogo verdadeiro, amizade verdadeira, há também esse sentimento de liberação e de expansão. Em outras palavras, há a experiência do Espírito.

O livro que resultou do Seminário *A bondade no coração* foi publicado em português com o nome de *O Dalai Lama fala de Jesus*[4]; foi traduzido para várias línguas, com muito sucesso. O Dalai Lama disse-me que recebe muitas cartas de pessoas que leram o livro e muitas dessas cartas são de pessoas afirmando que seus comentários sobre o Evangelho ajudaram-nas a voltar para as raízes da sua fé cristã. Ele disse que está genuinamente encantado com isso, e sempre recomenda às pessoas que permaneçam na sua própria tradição. É relativamente fácil manter diálogo com uma pessoa como o Dalai Lama. Ele não é competitivo nem possessivo e tem autoconfiança e coragem para se colocar no ponto de vista da outra pessoa. Essa não é, infelizmente, a situação entre os protestantes e católicos na Irlanda do Norte.

Depois desse Seminário de 1994, decidimos continuar o diálogo num programa de três anos chamado *O caminho da paz*.

---

[4] Editora Fissus. Rio de Janeiro: 2ª edição, 2003.

Ecumenismo, diálogo inter-religioso e a não violência

Como o diálogo comporta diferentes formas, decidimos fazer algo diferente a cada ano. No primeiro ano, cerca de 200 meditantes cristãos fizeram uma peregrinação à cidade de Bodhgaya, na Índia. Bodhgaya é o local onde Buda alcançou a iluminação. O Dalai Lama nos recebeu lá e meditamos, cristãos e budistas, todos os dias sob a árvore Bodhi, a árvore sob a qual Buda estava sentado quando alcançou a iluminação. Discutimos o significado da salvação em relação à ideia budista de iluminação. No segundo ano, realizamos um retiro de silêncio em nosso mosteiro na Itália, onde o Dalai Lama, budistas e cristãos reuniram-se durante vários dias. Nessa ocasião discutimos os diferentes entendimentos que temos da palavra e da imagem nas duas tradições. No terceiro ano, fomos a Belfast. Queríamos ir a um local de conflito no mundo e havia vários para escolher. Pretendíamos demonstrar que a amizade espiritual nascida da meditação e que se expressa pelo diálogo podia ser compartilhada com pessoas que sofrem conflitos e divisões. A ideia básica era que, se budistas e cristãos podem ser amigos, por que católicos e protestantes não podem?

Durante o Seminário *O caminho da paz* na Irlanda do Norte, abordamos a questão da paz no espírito do diálogo ecumênico. Estavam presentes apresentadores de Seminários John Main realizados em anos anteriores, os quais falaram sobre diferentes tradições e de suas próprias experiências. O Dalai Lama teve um programa especial no qual encontrou-se com diferentes grupos de pessoas da Irlanda do Norte, dentre eles políticos, líderes religiosos, jovens, e apresentou-se dizendo que não trazia uma solução para o problema, do qual não tinha um conhecimento profundo da natureza histórica, e mesmo assim foi recebido com enorme entusiasmo e esperança.

Houve um encontro particularmente comovente com católicos e protestantes vítimas da violência. Quando entramos na

sala, a temperatura ambiente devia ser de mais ou menos 20°
abaixo de zero, tal era a distância com que católicos e protestantes tinham se sentado: o mais longe possível uns dos outros.
Podíamos sentir a dor e a raiva que existia entre esses dois grupos. O Dalai Lama começou a falar da sua própria experiência de
invasão do Tibete pelos chineses; contou como lidou com sua
própria raiva e dor. Ele não estava fazendo uma pregação, mas
compartilhando sua própria experiência. Todas as pessoas na sala
foram atraídas pelo que estava dizendo e ouviam-no com grande atenção. Ele reconheceu o terreno comum do sofrimento vivido por ele mesmo e por todas aquelas pessoas. E porque falava
a partir do seu coração, as pessoas foram capazes de se colocar
na sua posição. Posso dizer que naquele momento estávamos
vivendo uma experiência de fé. Nossas crenças permaneciam
diferentes, ninguém estava discutindo suas crenças, mas compartilhávamos uma transcendência comum, uma compaixão e
uma compreensão comuns sobre a outra pessoa.

    Um amigo meu na Irlanda do Norte dirige um centro de
mediação entre os dois lados envolvidos no conflito. Quando
conversei com ele a respeito da realização do Seminário, antes
de irmos a Belfast, ele me alertou para alguns prováveis perigos.
Disse-me para ser muito cuidadoso com as palavras que usaria
na Irlanda do Norte, porque em dois segundos poderiam irritar
um lado ou outro. As palavras são como bombas, disse ele, é
preciso usá-las com muito cuidado, e no entanto as palavras são
tudo o que temos. Essa ideia ficou na minha cabeça durante todo
o tempo. Ele é uma pessoa sábia, talentosa e muito boa, mas
acho que estava errado num ponto, ao dizer que palavras são
tudo o que temos. Ao final de nossa conversa eu lhe perguntei:
Você tem certeza de que palavras são tudo o que temos? Falamos então sobre o poder do silêncio, não o silêncio negativo, quando

os dois lados se recusam a se comunicar, mas o silêncio positivo, quando entramos no terreno comum da nossa humanidade, o silêncio da meditação.

Ao término do Seminário encontrei-me novamente com esse amigo e perguntei-lhe qual era sua opinião. Ele disse que, apesar de ter falado sobre trabalhos pela paz nos últimos vinte e cinco anos, a palavra *paz* para ele agora significava algo diferente do que significara até então.

Acho que essa é a paz de que Jesus fala no Evangelho de João. Ele diz aos seus discípulos: "Deixo-vos a paz, minha paz vos dou; não vo-la dou como o mundo a dá."[5] Essa é a paz que nos é dada como pura doação; temos simplesmente que aceitar esse presente. Mas para aceitá-lo, precisamos chegar ao local onde o presente nos é dado. Esse local, como nos ensinam todas as tradições espirituais, é o coração. Por isso acredito que a prática da meditação é essencial para o ecumenismo e para o diálogo inter-religioso, se os participantes desse diálogo pretendem alcançar a meta da amizade espiritual.

Sugiro que tenhamos agora um breve período de meditação. Após teremos algum tempo para discussão. O grande inimigo da meditação é o sono, especialmente às 4 horas da tarde! Acho uma boa ideia levantarmos um pouco, esticarmos as pernas, nos espreguiçarmos, movimentando o pescoço e os ombros. A meditação não é simplesmente um exercício mental, mas uma prática espiritual que envolve a pessoa toda, corpo, mente e

---

[5] *João* 14, 27

espírito. Em pé, com os braços ao longo do corpo, sintam que estão firmes no chão e não flutuando. A força da gravidade nos puxa para baixo. Imaginem que essa força atrai pelos calcanhares e nos mantém firmes, em pé, e assim podemos alongar o corpo e relaxar. Relaxem os ombros, os músculos da face, especialmente a testa e o maxilar. Prestem atenção à sua respiração. Ela sempre nos traz de volta ao momento presente.

Vamos nos sentar agora. Meditar significa estar no momento presente, deixar de lado os pensamentos do passado e do futuro, abandonar quaisquer pensamentos e palavras. Fazemos isso em nossa tradição por meio de uma disciplina, de um método muito simples. Tomamos uma palavra sagrada e a repetimos continuamente durante todo o período da meditação. Podemos escolher por exemplo o nome *Jesus*; a palavra que sugiro é *Maranatha*, um bonito mantra cristão em aramaico, a língua que Jesus falava; é a mais antiga prece cristã e significa *Vinde Senhor!*[6] Ao repetir a palavra, não pensamos no seu significado, apenas a ouvimos à medida que ela nos conduz ao silêncio. Haverá barulho vindo de fora e distrações de nossa própria mente. Abandonem essas distrações; quando se distraírem, simplesmente voltem a repetir a palavra. No início eu falava sobre o significado da fé; repetimos então a palavra com fé e na fé – MA-RA-NA-THA. Vocês devem repetir a palavra em silêncio, interiormente, lentamente, em quatro sílabas separadas.

Vamos meditar por 15 minutos e finalizar com uma leitura.

Ouçamos as palavras de Jesus no Evangelho de Lucas:

---

[6] 1 *Coríntios* 16, 22 e *Apocalipse* 22, 17

Interrogado pelos fariseus sobre quando chegaria o Reino de Deus, respondeu-lhes: A vinda do Reino de Deus não é observável. Não se poderá dizer: Ei-lo aqui! Ei-lo ali!, pois eis que o Reino de Deus está no meio de vós.[7]

PERGUNTAS E RESPOSTAS

Minha formação é cristã, católica, mas há muitos anos tenho feito meditação usando um mantra passado por um mestre indiano. Criei por esse guru uma grande amizade e devoção. O curioso é que toda essa meditação de anos, usando o mantra indiano, só fez me aproximar cada vez mais de Jesus e do cristianismo. Não vou fazer perguntas porque provavelmente o senhor diria que isso é algo que tenho que administrar por mim mesmo. Mas se eu fosse fazer uma pergunta, seria: Devo passar a fazer a meditação cristã com o mantra **Maranatha**? *E se o senhor não fosse dar a resposta, que resposta seria a sua?*

Está parecendo um encontro entre dois praticantes Zen! Penso que o que você está descrevendo é meditação como um caminho de fé, e muitos cristãos chegaram à prática da meditação cristã por meio das tradições orientais, simplesmente porque não se ensinava meditação na tradição cristã. Penso que o que torna a sua meditação cristã – na essência – é a sua fé em Cristo, o relacionamento do seu coração com Cristo. Como você disse, o fruto da sua meditação é uma experiência e um conhecimento mais profundos de Cristo. Isso prova que, ao meditarmos, não estamos apenas praticando uma técnica, mas crescendo como pessoas em relacionamento.

---

[7] *Lucas* 17, 20-21

No seu livro Intimidade com Deus[8], *Thomas Keating diz que a oração centrante pode levar a diferentes estados psicológicos. O que o senhor diria sobre isso em relação à meditação cristã?*

Tenho grande respeito pelo Padre Thomas Keating como amigo, professor e monge. No entanto temos abordagens ligeiramente diferentes em relação à oração contemplativa; não são fundamentalmente diferentes, mas há distinções. Acho que ele exagera um pouco a dimensão psicológica da experiência de contemplação. Não há dúvida de que a prática da meditação causará alguma mudança em você, em sua mente e sua integração psicológica. Penso que na grande maioria dos casos esse trabalho de integração é feito inconscientemente. Às vezes quando vem à tona tornamo-nos conscientes do processo, mas acho que não devemos exagerar o drama psicológico. Os frutos mais óbvios da meditação não são de natureza parapsicológica, são os frutos da personalidade integrada, o que São Paulo chama de frutos do Espírito, como o amor, a alegria, a paz, a bondade, o autodomínio.[9] Estes são os sinais pelos quais reconhecemos que uma transformação interior está ocorrendo. Se meditarmos regularmente e moderadamente – recomendamos dois períodos de meia hora por dia – esse processo de transformação se manifestará pacificamente na maioria das vezes.

Muitos Concílios da Igreja se reuniram para combater heresias e resolver dissensões internas. O senhor disse que devemos entender e respeitar as crenças dos outros. Até onde pode chegar o ecumenismo e qual é sua real abrangência?

---

[8] Editora Paulus. São Paulo: Coleção "Em Espírito e Verdade", 1999.
[9] Frutos do Espírito – vide *Gálatas* 5, 22-23

Ecumenismo, diálogo inter-religioso e a não violência

Penso que os Concílios Ecumênicos que você mencionou foram o início do ecumenismo, mas todos eles terminaram na condenação de uma crença diferente. Concordo que nem todas as crenças são igualmente válidas, mas devemos respeitar o direito de as pessoas terem crenças diferentes. A história do cristianismo tem sido frequentemente a de perseguir pessoas ou condená-las por terem crenças diferentes. É por essa razão que penso que o ecumenismo, como está se desenvolvendo hoje, é de grande importância para o mundo, desde que se aperfeiçoe realmente e se modifique.

O ecumenismo poderá se expandir de duas formas: pelo diálogo e pela contemplação. Sempre tivemos a ideia de que essas duas coisas são opostas e irreconciliáveis, mas precisamos entender que o diálogo e a contemplação estão intimamente ligados. Uma forma de se poder comprovar isso é por meio da consciência social e da ação social em conjunto, compartilhar um sentido de justiça social ou compaixão pelos que sofrem, trabalhar juntos contra os males do materialismo, tudo isso poderá nos ajudar a descobrir um terreno comum, uma base comum. O diálogo e a contemplação fortalecem essa consciência.

Muitas pessoas que meditam têm dificuldade em manter a regularidade da prática. Por que isso acontece?

Porque a meditação é simples demais e requer fé e compromisso. Pelo mesmo motivo o casamento é difícil, ser monge é difícil. Penso que é importante meditar com o apoio de uma tradição. Às vezes as pessoas se aproximam da meditação de uma forma empresarial, quando na verdade meditamos dentro de uma tradição espiritual e essa tradição toma a forma de uma comunidade viva onde se encontram grande apoio, encorajamento e inspiração. A meditação é exigente, é uma disciplina, mas é possível, e os recursos que podem nos ajudar estão disponíveis.

Como ocorreu o resgate por Dom John Main, dentro da tradição cristã, do processo de contemplação que o levou à meditação?

Dentro da jornada de sua própria vida. Quando jovem, John Main viveu no Oriente e lá foi introduzido na prática da meditação segundo a tradição oriental. Ao se tornar monge beneditino, no início dos anos 50, foi-lhe dito que parasse de meditar porque essa não era uma forma cristã de oração. Mesmo nos mosteiros, onde esperava encontrar viva essa tradição, ela fora esquecida. Mais tarde, no final dos anos 60, ele se questionou a respeito da Igreja, do papel dos mosteiros e dos monges. Voltou-se para as raízes da sua própria tradição, os Padres do Deserto, os primeiros monges cristãos do século 4º. Essa espiritualidade do deserto é curiosamente relevante para nossa situação atual. Nas *Conferências* de João Cassiano, grande mestre de São Bento, John Main encontrou um método prático de meditação que há muito procurava. Ele o descreve num pequeno livro publicado em português chamado *Meditação Cristã: conferências proferidas na Abadia de Gethsêmani*[10].

---
[10] Editora Paulus. São Paulo: Coleção "Oração dos Pobres".

O jugo suave
*qual é o jugo que Jesus nos oferece e
quais são suas outras promessas para nós*

Gostaria de agradecer especialmente ao Abade e à comunidade do Mosteiro de São Bento pela hospitalidade, por nos receber aqui nesta noite, e pelo grande apoio que têm dado à prática da Meditação Cristã em São Paulo nos últimos anos.

Vim ao Brasil pela primeira vez em 1995, depois de ter me correspondido durante muito tempo com uma monja beneditina do mosteiro de Petrópolis, a irmã Maria Emanuel, que era amiga e tradutora da obra de Thomas Merton para o português. Quando ela tomou conhecimento do trabalho de John Main sobre o ensino da meditação cristã, entrou em contato comigo em Londres e me convidou para vir ao Brasil. Eu disse: *Sim, adoraria visitar o Brasil, a senhora pode organizar essa visita.* E ela disse: *Não, eu não vou organizar nada, sou uma monja contemplativa e não organizo esse tipo de coisa, mas uma hora qualquer há de aparecer alguém interessado nessa meditação, e essa pessoa então poderá entrar em contato com o senhor.*

Foi uma atitude muito sábia da parte dela; na verdade, foi exatamente o que se passou. Pouco a pouco as pessoas começaram a compartilhar essa dádiva da meditação e a se organizar em grupos de meditação. John Main acreditava que a experiência contemplativa cria comunidade. Sua percepção está sendo comprovada aqui no Brasil e em muitas partes do mundo. Tem sido um verdadeiro presente para mim constatar o desenvolvimento da comunidade de meditação cristã no Brasil. A vida de qualquer comunidade espiritual é a amizade e nós estamos reunidos esta noite na amizade de Cristo.

É muito significativo estarmos reunidos aqui no Mosteiro de São Bento, em uma comunidade monástica, bem no coração de São Paulo. Este mosteiro, esta igreja, esta comunidade, são parte integrante da vida da cidade. A vida desta comunidade está baseada na *Regra* de São Bento e na sua grande compreensão da necessidade de integração de todos os aspectos da nossa humanidade: corpo, mente e espírito. Aquilo que chamamos de *fome espiritual de nosso tempo* é, na verdade, fome de integração, de totalidade. O tipo de vida que a maioria das pessoas tem hoje torna muito difícil alcançar essa totalidade e harmonia. O barulho, o estresse, a diversidade de atividades em nossa vida frequentemente destroem nosso equilíbrio, nossa humanidade. Um mosteiro como este, da comunidade de São Bento, representa uma alternativa curativa para a fragmentação da vida moderna. Como já disse, é significativo que este local de oração esteja situado exatamente no coração desta cidade. Simboliza a integração de contemplação e ação.

Nesta noite vou falar um pouco sobre esse tema, e não só falar mas também praticar. Falarei durante algum tempo e depois teremos juntos um período de meditação, de oração silenciosa. Após a meditação teremos um período para perguntas e discussão. Garanto que qualquer coisa que eu disser nos próximos trinta ou quarenta minutos vocês já terão esquecido quando forem para a cama. Estive conversando com uma professora de inglês ontem aqui em São Paulo, e ela me disse que para aprender uma palavra nova é preciso reaprendê-la sete vezes! Temos memória curta, portanto o que vou dizer vocês vão esquecer, e é por isso que a parte mais importante do nosso encontro desta noite será o tempo que dedicarmos à oração. Se entrarmos nesse período de silêncio com o coração aberto, teremos uma experiência da qual não nos esqueceremos.

Há uma bela história no Evangelho de São Lucas que descreve a necessidade de equilibrar e integrar contemplação e ação. Jesus estava a caminho de Jerusalém e pernoitou na casa de amigos, duas irmãs e um irmão, em Betânia. Como ouvimos em outras passagens do Evangelho, essas pessoas – Lázaro, Marta e Maria – eram muito amigas de Jesus. Quando Lázaro morreu, Jesus chorou porque realmente sentiu a perda do amigo. Naquela noite, quando Jesus chegou à casa desses amigos, Marta veio saudá-lo e se retirou, enquanto Maria sentou-se aos pés do Senhor e ali permaneceu para ouvir suas palavras. Marta dedicou-se a preparar a refeição e arrumar a casa, e rapidamente ficou distraída e ansiosa. Provavelmente ela se esquecera de alguma coisa e tinha que correr ao supermercado, ou tirar alguma coisa do freezer, ou colocar algo no microondas... Provavelmente também estava zangada com Jesus por ter aparecido com doze amigos que ela não esperava! Seja como for, o que sabemos é que ela ficou distraída e ansiosa. Ela se dirige a Jesus e diz: "Senhor, a ti não importa que minha irmã me deixe assim a fazer o serviço? Dize-lhe pois que me ajude."[1]

Creio que é a única vez no Evangelho que um discípulo diz a Jesus o que Ele deve fazer. Quando foi a última vez que vocês disseram a Deus o que é que Ele devia fazer?

---

[1] *Lucas* 10, 40

O ponto aqui não é que Marta estivesse fazendo algo errado, não havia nada de errado com o trabalho dela, mas a forma como estava fazendo estragou a qualidade do trabalho. Ficou obcecada consigo mesma, egocentrada. Quando ficamos obcecados conosco esquecemos quem verdadeiramente somos e também esquecemos quem são as outras pessoas. Como Jesus reagiu a esse estado de Marta? Ele disse: "Marta, Marta, tu te inquietas e te agitas por muitas coisas; no entanto pouca coisa é necessária, até mesmo uma só. Maria, com efeito, escolheu a melhor parte, que não lhe será tirada."[2] Dizendo isto, Ele tenta trazê-la de volta ao seu verdadeiro Eu, e como amigo diz-lhe qual é o seu problema.

Essa história tem sido usada através dos tempos na tradição cristã para ilustrar a vida contemplativa. Por toda a história, pessoas ocupadas como Marta acham que pessoas como Maria são egoístas e estão perdendo tempo, e quando veem alguém sentado logo o chamam pedindo que dêem alguma ajuda. Lembrem-se de que Marta não foi recriminada por estar trabalhando, mas sim porque estava distraída, esquecera-se do significado do seu trabalho. Este não era um modo de oração, era uma forma de egoísmo; ao invés de criar alegria e paz com seu trabalho, criava raiva e hostilidade. Maria estava em silêncio durante todo esse episódio. Jesus não apenas a defendeu, Ele de fato afirmou que ela escolhera a melhor parte. "Pouca coisa é necessária, até mesmo uma só", diz Ele. Quero pedir a vocês que pensem sobre isso: Qual é esta única coisa necessária?

Há muitas formas de interpretar essa história, há muitos níveis em que se pode ler as Escrituras. Podemos dizer por

---

[2] *Lucas* 10, 41-42

exemplo que estamos diante de dois tipos de personalidade, uma introvertida e outra extrovertida. Provavelmente cada um de nós se encaixaria numa dessas duas categorias. Há pessoas que são muito ativas, gostam de resolver problemas e ficar encarregadas de muitas coisas. E há outras pessoas que não gostam de estar no foco das atenções, fazem seu trabalho em silêncio e não exigem nenhuma atenção. Creio que essa história tem um significado bem mais profundo. Podemos dizer que há sim esses dois tipos de personalidade, mas Marta e Maria também representam as duas metades da alma humana. Todos nós somos Marta e Maria, e se a casa do nosso Eu quiser estar em paz, Marta e Maria devem estar integradas. Como podemos estar em amizade conosco se não formos capazes de integrar essas duas metades? Como podemos esperar ser amigos de outras pessoas?

O processo de integração é um processo de oração. A prece existe nas circunstâncias ordinárias de nossa vida cotidiana. Há uma história da tradição judaica que fala da Lei dos Espaços Brancos. Alguns alunos estudavam uma passagem da Bíblia e não conseguiam entender o seu significado. Dirigem-se ao rabino e pedem a ele que o explique. O rabino solicita que lhe mostrem a passagem. Os alunos mostram a página e o rabino pergunta: *O que vocês veem nessa página?* Eles respondem: *Bem, nós vemos palavras impressas em grego.* O rabino lhes diz: *Bem, o significado dessa passagem está aí, metade do significado está nas palavras impressas na página e a outra metade está nos espaços em branco entre as palavras.*

Esta Lei dos Espaços Brancos aplica-se a qualquer aspecto de nossa vida. Se não houver espaços em branco entre as palavras da página, poderá ser muito difícil lê-las. Se não houver espaço para o silêncio entre as notas da música, não poderemos apreciá-la. Se não dormirmos à noite, não seremos capazes de trabalhar no dia seguinte. Entre duas respirações há um momento de descanso, e se não houver espaço entre os nossos pensametos entraremos num estado de grande estresse e distração.

O que fazemos na vida espiritual é chegar a um estado de integração e totalidade. A maioria de nós parece ter uma tendência humana de seguir o caminho de Marta, não apenas em ações, mas também em pensamentos. Algumas pessoas fazem demais, outras pensam demais. Tudo depende do equilíbrio e da harmonia. Chegar ao equilíbrio e à harmonia requer disciplina. Falarei agora sobre a disciplina da oração que nos leva a esta harmonia

Qualquer disciplina espiritual deve ser escolhida e aceita livremente. Se houver qualquer compulsão, a disciplina não nos levará à liberdade de espírito. Este é um dos perigos da religião, que muitas vezes usa a força e a compulsão sobre as pessoas. Onde houver compulsão, perde-se o espírito. Quando falo de disciplina, na meditação por exemplo, falo da disciplina que precisamos querer para aceitar.

Vou explicar o que quero dizer com a palavra meditação. Há muitas formas de oração. Se vocês olharem para esta igreja verão sinais dos muitos e diferentes aspectos da oração. Esta porta ao lado, por exemplo, é por onde os monges vêm para o ofício divino; em volta do altar celebramos a Eucaristia[3]; em torno das

---

[3] Eucaristia: Ação de graças a Deus. Instituído por Jesus Cristo, é um dos sete sacramentos* da Igreja Católica segundo o qual, pelas palavras pronunciadas pelo padre, pão e vinho transubstanciam-se respectivamente no corpo e sangue de Cristo; ponto culminante do culto, em que se dá a celebração desse sacramento com a fração da hóstia sagrada.

* Sacramento: Sinal sagrado instituído por Jesus Cristo para distribuição da salvação divina àqueles que, recebendo-o, fazem uma profissão de fé. São sete: o batismo, a confirmação ou crisma, a eucaristia, a penitência ou confissão, a ordem, o matrimônio e a unção dos enfermos.

imagens dos santos vemos formas de oração devocional; e cada pessoa tem também a sua maneira pessoal de orar. Há várias formas de oração e todas são válidas e úteis desde que sejam feitas com um coração sincero.

A maioria de nós foi educada apenas na forma mental de oração, ou na forma exterior de oração. Mas há uma terceira dimensão que frequentemente esquecemos – a oração que Maria estava praticando. Podemos ser como Marta em nossas orações, podemos fazer muitas orações vocais e esquecer da oração do coração. Se esquecermos da oração do coração, da dimensão contemplativa da oração, esqueceremos da oração do próprio Jesus. No entendimento cristão, todas as formas de oração nos levam à união com a oração de Cristo. Nossa oração se funde, une-se com a oração de Jesus no seu caminho para o Pai, no Espírito. Essa dimensão contemplativa da oração não está restrita aos monges e freiras. Nos últimos anos tem havido uma grande recuperação da oração contemplativa entre os cristãos leigos. Retomar essa profundidade contemplativa da oração é um grande trabalho a ser desenvolvido pela Igreja, pois leva as pessoas à maturidade espiritual – e a Igreja é a escola onde deveríamos crescer espiritualmente – e também nos abre para a experiência do terreno comum, da base comum que todo ser humano compartilha. Para nós é o terreno comum do Ser Divino. Se não estivermos conectados com esse terreno comum em nosso próprio coração, não poderemos estabelecer diálogo com pessoas de diferentes crenças, diferentes tradições. Poderemos rejeitá-las, sentir-nos superiores a elas ou entrar em conflito com elas como se vê entre católicos e protestantes, árabes e judeus, muçulmanos e hindus.

Por que todas essas pessoas religiosas estão constantemente em guerra, matando umas às outras? Algo deve estar errado, pois todas essas religiões ensinam o caminho do amor e o caminho da paz. Somente se nos abrirmos para essa oração contemplativa do coração poderemos encontrar nosso terreno comum em nossa humanidade. É também a única forma de chegarmos à nossa própria integração e totalidade. É por isso que precisamos praticar a disciplina da oração contemplativa.

Ouçamos estas bonitas palavras de Jesus, do Evangelho de Mateus:

> Vinde a mim todos os que estais cansados sob o peso do vosso fardo e vos darei descanso. Tomai sobre vós o meu jugo e aprendei de mim, porque sou manso e humilde de coração, e encontrareis descanso para vossas almas, pois meu jugo é suave e meu fardo é leve.[4]

Pedi que vocês pensassem sobre qual é a única coisa necessária. Posso também perguntar: Qual é o jugo de Cristo? Jesus era carpinteiro e quase certamente poderia ter feito jugos de madeira; os jugos foram um dos grandes aparatos tecnológicos da humanidade, tão úteis e menos poluentes que o automóvel, por exemplo. Quando Jesus usa essa palavra, Ele a usa de maneira desafiadora, porque jugo era frequentemente usado como o símbolo negativo da escravidão, da pressão. Talvez entendamos a disciplina desta forma, mas de fato Jesus convida-nos a tomar, a aceitar o seu jugo. Se acolhermos uma disciplina espiritual de livre vontade ela nos levará àquilo que Jesus chama de descanso. Em suas palavras, descanso não significa simplesmente relaxamento, significa contemplação. Se acatarmos a disciplina da oração contemplativa, ela nos levará à experiência da oração no coração, que libera a paz e a alegria de Cristo em todos os aspectos da nossa vida.

---

[4] *Matheus* 11, 28-30

O jugo suave

A pergunta mais importante talvez seja: Como podemos fazer isso? Todos aprendemos várias formas de oração, mas talvez nunca tenhamos aprendido a oração contemplativa. Muitas vezes quando os cristãos procuram uma forma de meditação, uma forma mais profunda de espiritualidade, deixam a Igreja para encontrá-la. A própria palavra meditação parece estranha para muitos cristãos. Eles pensam que meditação é algo que pertence apenas às religiões orientais e que foi importada para o Ocidente. Outro conceito errado que os cristãos frequentemente têm a respeito da meditação é que ela é egoísta. Dizem que não devemos estar quietos e em paz quando há tanto sofrimento no mundo. Outro engano ainda é pensar que a meditação seja um perigo, que se ficarmos quietos e silenciosos talvez o diabo venha nos tentar.

Vamos examinar essas questões brevemente. Primeiro, a ideia de que a meditação é uma prática apenas oriental: isso significaria que o cristianismo não tem profundidade espiritual, enquanto a verdade é que nós temos uma grande tradição mística. Uma das grandes dádivas de John Main para a Igreja foi ajudar a recuperar o entendimento da tradição cristã da meditação. Em segundo lugar, a ideia de que a meditação é egoísta é o erro que Marta estava cometendo. Qualquer pessoa que pratique seriamente a meditação sabe que ela é exatamente o oposto do egoísmo. Finalmente, a ideia mais fundamentalista de que a meditação é um perigo parece ignorar todo o mistério da inabitação do Espírito Santo[5] e o significado do Salmo "Tranquilizai-vos e reconhecei: Eu sou Deus."[6]

---

[5] Na espiritualidade cristã, inabitação é a palavra utilizada para explicar o mistério da união íntima com a Santíssima Trindade: com o Pai, o Filho e o Espírito Santo. A inabitação trinitária é obra do Espírito

Voltemos à questão de como praticar. Nos ensinamentos dos primeiros monges cristãos, os Padres do Deserto, encontramos um método muito simples e prático de meditação cristã. Os velhos monges, assim como nós que vivemos hoje numa cidade como São Paulo, perceberam o problema da distração e do estresse. A dificuldade de penetrar na oração do coração é que ficamos presos à nossa mente, à nossa cabeça. Ficamos atrelados aos nossos desejos, medos, lembranças, planos, problemas, ansiedades e, naturalmente, aos nossos sonhos e fantasias. A meditação deve nos conduzir através de tudo isso até o silêncio do coração.

Os primeiros mestres cristãos recomendavam um método muito simples: escolher uma palavra ou uma pequena frase e repeti-la durante todo o tempo da meditação, com fé e amor. Não há nada mais simples que isso, mas como todos sabemos ser simples não é fácil. É por esse motivo que precisamos praticar a meditação como uma disciplina, tomar o jugo da palavra sobre nós, aceitar o jugo da prática diária regular da oração contemplativa. Mas é um jugo suave, como diz Jesus, é o jugo que nos levará à paz e ao contentamento. Essa forma de meditação não é simplesmente uma técnica de relaxamento para ajudar a dormir. Na verdade é um caminho espiritual, uma prática espiritual.

Escolher a palavra é importante porque você deve ficar com a mesma palavra durante todo o tempo da meditação. Deve escolher uma palavra que seja sagrada na sua própria tradição. Na tradição ortodoxa por exemplo, o nome *Jesus* é frequentemente usado nessa prática. Pode-se também escolher a palavra *Abba*,

---

do Senhor, que repousa também em nós. Cf.1*Coríntios* 6,19; *Romanos* 8, 9-11.

[6] *Salmos* 46 (45), 11

que é uma palavra sagrada segundo o próprio Jesus.[7] O que recomendo é a palavra *Maranatha*. É a mais antiga oração cristã. São Paulo finaliza a Primeira Carta aos Coríntios com essa palavra.[8] À medida que repetimos a palavra, não pensamos no seu significado porque abandonamos todos os pensamentos, palavras e imagens durante todo o período da meditação. Esse é o significado do silêncio, não apenas a quietude exterior, mas o silêncio da mente e do coração.

Repetir a palavra é uma forma de despojamento de espírito: abandonamos tudo que possuímos. Jesus disse que seus discípulos deviam renunciar a todos os seus bens. Talvez não seja viável para nós vender nossos bens ou distribuí-los aos pobres, mas certamente podemos nos desfazer de nossos apegos mentais. Podemos entender essa prática simples de meditação como um caminho de silêncio, de austeridade, na verdade como um caminho de fé. Ao começar a repetir a palavra vocês logo perceberão que já se distraíram, estarão pensando no que aconteceu hoje à tarde, estarão planejando o que farão amanhã, estarão sonhando com sua novela favorita ou talvez caiam no sono. Assim que uma dessas coisas ocorrer vocês devem simplesmente voltar à repetição da palavra. Essa é a simplicidade do caminho da meditação cristã. É também uma forma de nos tornarmos crianças.

Tive dois grandes professores de meditação: Dom John Main e um pequeno grupo de crianças com o qual meditei por alguns anos. John Main me ensinou que a meditação era simples e as crianças me ensinaram que a meditação era algo infantil.

---

[7] *Abba* é termo aramaico que, nos lábios de Jesus, exprime a familiaridade do Filho com o Pai. Assim será na boca dos cristãos aos quais o Espírito faz filhos de Deus. (Cf. *Bíblia de Jerusalém*, *Mateus* 14, 36, nota *a*)

[8] 1 *Coríntios* 16, 22 e Apocalipse 22, 17

Jesus nos disse que não podemos entrar no Reino dos Céus a menos que nos tornemos crianças.

※

    Vamos agora dedicar um pouco de tempo à meditação. Levantem-se, façam um leve alongamento, estiquem as pernas. Movimentem o pescoço para tirar as tensões do dia, mexam os ombros. Dediquem-se um momento a ficar imóveis, quietos. Notem que estamos de pé no chão, enraizados pela força da gravidade, e por isso podemos relaxar a parte superior do corpo. Prestem atenção à sua respiração, ela ensina muito a respeito do Espírito. Quando inspiramos, aceitamos o misterioso dom da vida, e porque é uma dádiva não podemos possuí-la, então expiramos, liberamos essa dádiva. John Main dizia que a meditação é tão natural para o espírito quanto a respiração é natural para o corpo. Prestem atenção à sua respiração por alguns momentos. Tentem libertar-se dos seus pensamentos e vir para o momento presente, o momento de Cristo. Meditar é simplesmente vir para o momento presente. Durante o período da meditação vamos ouvir barulhos que vêm de fora e de dentro da igreja. Não podemos evitar esses barulhos mas podemos introduzir um novo ponto de atenção em nosso coração e em nossa mente. Desviamos a atenção de nós mesmos e iniciamos a jornada em direção ao coração.

    Vamos então dedicar um tempo que é devido à parte Maria dentro de nós: silêncio, quietude e simplicidade. Vamos nos sentar. A postura básica é sentar-se com as costas eretas, os pés bem plantados no chão, as mãos sobre os joelhos. Relaxem os ombros, fechem os olhos suavemente. Relaxem também os músculos da face, testa e maxilar. Fiquem relaxados e ao mesmo tempo alertas. De maneira silenciosa comecem a repetir a palavra no seu coração. A palavra que sugiro é *Maranatha*. À medida que vocês dizem a palavra, tentem ouvi-la com total atenção. Abandonem quaisquer outros pensamentos, planos, lembranças, preocupações. Retornem à palavra com fé, cada vez que se distraírem. Não tentem brigar com seus pensamentos, apenas deixem que eles passem, e de maneira simples e com fidelidade voltem à palavra MA-RA-NA-THA.

Vamos meditar por 15 a 20 minutos e finalizar com uma leitura.

Ouçamos as palavras de Jesus do Evangelho de São Lucas:

> Interrogado pelos fariseus sobre quando chegaria o Reino de Deus, respondeu-lhes: A vinda do Reino de Deus não é observável. Não se poderá dizer: Ei-lo aqui! Ei-lo ali!, pois eis que o Reino de Deus está no meio de vós.[9]

Perguntas e respostas

É normal, antes de silenciar a mente, haver muitas imagens e palavras passando pela cabeça? É normal visualizar coisas, ver imagens, ter pensamentos?

É muito natural sim, e na verdade esta é a condição humana. É importante que você não se surpreenda e nem desanime por causa das distrações. Não podemos desligar a mente como desligamos o rádio. O que podemos fazer é desviar a atenção dessas imagens ou palavras. Fazemos isso focalizando a atenção na palavra, no mantra. Primeiro você repete a palavra por alguns segundos e se distrai. Numa segunda etapa, você já é capaz de repetir a palavra por um tempo mais longo embora as distrações

---
[9] *Lucas* 17, 20-21

ainda continuem ocorrendo. Finalmente você aprende a repetir a palavra sem distrações. Depois, no tempo próprio de Deus, que não é o nosso, você vai chegar ao completo silêncio.

Esses três estágios não ocorrem necessariamente um após o outro de imediato. Não importa em que estágio estamos, o que importa é estarmos fielmente percorrendo o caminho. Não se deve encarar o que ocorre durante o período de meditação como sinal de progresso ou recuo; na verdade, você vai perceber os frutos da meditação na sua vida diária. Eles são os frutos do Espírito. São Paulo diz que os frutos do Espírito são: amor, alegria, paz, longanimidade, benignidade, bondade, fidelidade, mansidão e autodomínio.[10] Essas são as mudanças que começamos a observar em nós mesmos e em nosso relacionamento com outras pessoas. São sinais de que a vida de Deus está crescendo e se expandindo dentro de nós.

Na tradição cristã acreditamos na vida eterna após a morte. Em outras tradições, como no hinduísmo e no budismo, fala-se de outras vidas. O que o senhor tem a dizer sobre isso?

Você quer uma resposta curta ou comprida? Mesmo nas tradições orientais, que acreditam na reencarnação, há também a crença de que existe um final para os ciclos de reencarnação. Mesmo que você tenha milhões de renascimentos, em certo momento final você vai alcançar a liberação do ciclo de nascimentos e mortes. Há um certo paralelo que permite o diálogo a respeito dessas diferentes crenças. Embora o cristianismo não acredite em reencarnação, acredita sim na ideia de purgatório, que seria uma continuação do processo de purificação.

---

[10] *Gálatas* 5, 22-23

A razão para essas crenças, tanto nas tradições orientais quanto no cristianismo, é que quando a pessoa morre não parece que tenha terminado seu trabalho, sua jornada espiritual. Precisamos de algum tipo de explicação para compreender como esse processo de jornada espiritual continua após a morte física. Pessoalmente acho a ideia de purgatório muito profunda e satisfatória para explicar esse mistério. No diálogo com outras tradições, não tentamos fundir as crenças mas respeitar as diferenças.

O cristianismo é minoria hoje entre as grandes religiões. Se há redenção, onde está a salvação? O caminho da meditação é o caminho da salvação?
Uma resposta simples para essa pergunta, e creio ser uma resposta universal, é que o caminho da salvação é o amor. Nós somos redimidos pelo amor. Quando olhamos para a Cruz vemos que não somos redimidos pelo sofrimento ou pelo castigo, mas pelo amor. Acho que essa ideia básica é comum a todas as grandes religiões. Para os cristãos a expressão suprema desse amor é a encarnação, o Verbo feito carne. A meditação não é um caminho de salvação separado dessa ideia. É uma forma de experimentar esse amor e sua fonte na profundidade do nosso próprio ser. A meditação não é simplesmente um caminho de autodesenvolvimento; é a prática do amor no nível mais profundo. O sinal de que a meditação está funcionando é quando ela se torna um canal de amor na sua vida.

A respeito da analogia entre a respiração e o dom da vida: se a respiração é tão importante, por que ela não faz parte da prática da meditação cristã?
Bem, é muito importante que você continue a respirar durante a prática da meditação. Muitas pessoas repetem a palavra, o mantra, no ritmo da respiração. O objetivo da meditação é chegar

à simplicidade, a um único ponto, e não queremos dividir nossa atenção entre a respiração e a palavra. Se você tiver que escolher entre respirar e repetir a palavra, escolha respirar. Não se pode dar atenção plena à palavra e ao mesmo tempo à respiração. Você vai ver com a sua experiência que, ao longo do tempo, sua respiração naturalmente vai se tornando mais tranquila e mais profunda. Há outras formas de meditação, outras abordagens, mas a forma que ensinamos em nossa tradição é essa que apresentei.

Como lidar com a meditação quando há dor física, problema de doença ou sensações corporais muito dolorosas?

Conheço pessoas que sofrem dores crônicas, um sofrimento terrível, e sei que muitas delas meditam com bastante profundidade. Um aspecto do sofrimento é que a dor passa a ocupar a totalidade da consciência. Por exemplo, se você está com dor de dente parece que a única coisa que existe no mundo é a dor de dente. Se você sofre de uma dor crônica, poderia dizer a si mesmo: *Bem, a dor está aqui ou está ali, nesta parte do corpo. Eu não sou a minha dor, a dor está em mim, mas eu não sou a dor.* Essa é uma forma de as pessoas começarem a lidar com a dor física. É realmente preciso muita quietude para ser capaz de sair do ciclo de dor. Quando John Main estava para morrer, em estado terminal, ele sofria de dores terríveis, mas dizia que se conseguisse permanecer perfeitamente imóvel e em silêncio, conseguiria ultrapassar a dor.

Não digo que seja fácil, mas creio que é possível. Também é muito importante estar cercado do amor e da amizade da sua comunidade espiritual. É importante ainda que os cuidados médicos que recebemos sejam dados de modo humano e espiritual, porque o problema com a dor e o sofrimento é que eles tendem a nos isolar, fazem-nos sentir sozinhos e abandonados.

Precisamos de muito amor e amizade para nos lembrar de que não estamos sozinhos, pertencemos a um grupo, estamos em relacionamento com os outros. Tendo em mente uma atitude positiva torna-se mais fácil meditar.

Na sociedade atual diz-se que as pessoas são fruto do meio. A meditação cristã possibilitaria mudar a pessoa de modo a mudar o meio?

Quando observamos o mundo hoje deparamo-nos com questões muito complexas. Problemas com o meio ambiente, com a globalização, dilemas sociais e psicológicos da sociedade materialista. Todos reconhecemos que as estruturas sociais devem ser mudadas. Mudar as estruturas é uma coisa muito difícil de fazer, e frequentemente leva a revoluções. As manifestações de protesto contra as reuniões do grupo G8[11], por exemplo, são um exemplo de como esses conflitos e revoluções ocorrem.

Não apenas nos países em desenvolvimento, mas também nos países do primeiro mundo existe grande injustiça social, um grande abismo entre ricos e pobres. Certamente é necessário tentar mudar essas estruturas injustas, mas é mais eficaz mudar a consciência. Se mudarmos a consciência seremos capazes de ver as coisas de modo diferente. Frequentemente as estruturas mudam por si mesmas, sem interferência. O grande desafio de nosso tempo é desenvolver a consciência espiritual e não devemos esperar que os políticos possam fazer isso. Devemos voltar para as nossas tradições religiosas e sua dimensão espiritual. Esse é um grande desafio para a Igreja: não apenas pregar, mas ensinar o caminho do crescimento espiritual.

---

[11] *G 8*: Grupo dos oito países mais industrializados: EUA, França, Inglaterra, Alemanha, Canadá, Japão, Itália e Rússia.

Em última instância, isso dependerá de cada indivíduo, de cada um de nós. Só despertaremos a consciência espiritual da sociedade se a nossa própria consciência espiritual, individual, estiver sendo despertada. Não tenho o direito de dizer aos outros que mudem se eu não mudar a mim mesmo. O significado essencial da oração é não mudarmos o mundo, mas permitir que Deus nos mude.

Quero finalizar esta palestra com algumas palavras de encorajamento que recebi do meu mestre, Dom John Main. Certa época em que eu estava bastante desanimado ele me disse: *Tudo o que você tem a fazer é começar e continuar começando.*

Espero que para todos aqueles que já estão no caminho da meditação este encontro de hoje seja um recomeço. Se alguns de vocês estão ouvindo falar sobre a meditação cristã pela primeira vez, espero que este seja um caminho que lhes traga alegria e paz. Reunir-se e meditar juntos como fizemos hoje é um grande estímulo para a jornada.

O significado da fé

Para iniciar, fazemos uma pergunta. A melhor maneira de se chegar à verdade é saber que pergunta fazer. No Evangelho, Jesus é o grande indagador. Não me lembro quantas perguntas Ele faz, mas é algo em torno de 164. Como bom mestre, bom terapeuta, Ele sabe que a pergunta certa, feita na hora certa, pode ser poderosa. As perguntas são muito mais importantes para nós que as respostas.

A primeira vez que Jesus aparece no Evangelho de João é fazendo uma pergunta. João Batista está com dois de seus discípulos quando Jesus se aproxima. João Batista aponta Jesus e diz: "Eis o Cordeiro de Deus".[1] Os dois discípulos seguem Jesus. Ele se volta e, vendo que os dois o seguiam, pergunta-lhes: "Que procurais?" Eles lhe respondem: "Mestre, onde moras?" Jesus responde: "Vinde e vede".[2] Eles vão e veem onde Jesus morava e permanecem com ele o resto do dia. São João acrescenta no Evangelho que eram aproximadamente quatro horas da tarde.

É uma história pequena, muito simples, mas contém muitas informações a respeito da nossa própria jornada espiritual.

---

[1] *João* 1, 36
[2] *João* 1, 38-39

A maioria de nós começou sua vida espiritual com João Batista. Alguém, talvez o pai, a mãe, um amigo, um padre, um professor, nos apontou Jesus. Provavelmente não sabíamos o que significava *Cordeiro de Deus*, mas começamos a segui-lo. Talvez a muitos de nós essa jornada tenha levado para direções diferentes.

Acontece um momento muito importante em nossa jornada espiritual, que é simbolizado pelo instante em que Jesus se volta e vê os discípulos seguindo-o. É a ocasião em que sabemos que estamos nos relacionando, isto é, sabemos que somos conhecidos. Pode levar um segundo, pode levar dez anos para compreendermos. No Evangelho, Jesus frequentemente chama seus discípulos apenas olhando para eles ou dizendo seus nomes. Esse momento da virada, de decisão em nossa vida espiritual, é com frequência aquele em que começamos a meditar. É o momento em que nossa oração começa a adquirir uma dimensão contemplativa. Pode levar uma semana ou cinco anos para completarmos essa transição.

As primeiras palavras de Jesus são uma pergunta muito simples: "Que procurais?" Os discípulos na verdade não respondem à pergunta, e dizem "Onde moras?" A palavra que São João usa para *morar* é muito rica. Mais tarde São João usa a mesma palavra quando fala sobre o Pai que habita ou que está em Jesus, e o Pai e Jesus que estão ou que habitam em nós.

Os discípulos poderiam pensar que perguntavam a Jesus seu endereço. Mas de fato o que eles perguntavam é *Onde está meu coração?* Jesus não lhes dá nenhuma informação, mas lhes faz um convite: "Vinde e vede". É um convite completamente livre e aberto. Somos livres para aceitá-lo, para adiá-lo, ou para recusá-lo. Nessa história os discípulos aceitam o convite. Eles vão e veem por si mesmos onde Jesus mora. Entram no seu próprio coração. E passam o resto da sua vida com Ele. Eram quatro horas da tarde. Tudo isso acontece num tempo normal, comum. Quatro horas da tarde era também uma hora tradicional de oração para os primeiros cristãos.

Ao iniciarmos este retiro proponho algumas perguntas para vocês refletirem e ficarem acordados durante a noite. Ou talvez as perguntas façam com que vocês durmam imediatamente. A primeira pergunta é: *O que você procura?* Vocês podem responder essa pergunta em qualquer nível de profundidade que escolherem, porque o valor da pergunta depende da pessoa que a ouve.

Durante o retiro vamos permanecer em silêncio, juntos. Espero que o silêncio que vamos compartilhar seja profundo, pois isso nos levará a uma amizade mais estreita uns com os outros. Há um tipo de silêncio negativo, quando temos medo de falar com as pessoas ou quando não falamos com elas porque as amedrontamos. Mas o nosso será um silêncio de confiança e de amizade. Permaneceremos nesse silêncio juntos para que possamos ouvir as perguntas com profundidade. Se tiverem algo absolutamente necessário para dizer, digam, mas de modo a não perturbar o silêncio das outras pessoas. E se não tiverem certeza de que devem falar, não falem. Não fiquem tensos a respeito do silêncio, mas levem-no a sério. O silêncio é como uma grande peça de vidro que todos estamos carregando ao atravessar uma rua movimentada; qualquer um de nós que deixe cair a pequena parte que está carregando poderá danificar o todo. Mas se a carregarmos com cuidado, o silêncio se tornará transparente. Ajudará a ouvirmos estas perguntas com mais profundidade e talvez possamos até vislumbrar algumas respostas.

Se vocês nunca participaram de um retiro de silêncio, poderá parecer-lhes um pouco estranho. Por exemplo, podem achar inusitado ser gentil com as pessoas sem falar com elas, mas tentemos. Como sinal de que somos realmente amigos vamos fazer uma coisa agora. Cada um de vocês procure na sala alguém que não conheça, que lhe seja desconhecido; vá até essa pessoa, apresente-se, e compartilhe com ela o que você está procurando neste final de semana.

Durante o retiro vamos explorar um pouco o significado da fé. Quem é Deus, quem é Jesus, quem é o Espírito Santo? Vamos tentar ouvir essas perguntas à luz da nossa experiência de meditação. Perguntas abrem a mente, enquanto as respostas, com facilidade, podem fechá-la. Quando obtemos uma resposta, tendemos a pensar que atingimos a verdade, mas nunca a possuímos, é ela que nos possui. Assim, a vida espiritual é sustentada mantendo nossa mente e nosso coração abertos a perguntas profundas. Quando perguntaram a um dos Padres do Deserto – os primeiros monges cristãos – *O que é um monge?* Ele respondeu: *Monge é aquele que todos os dias pergunta a si mesmo: O que é um monge?*

No antigo mito do Rei Pescador, uma misteriosa maldição caíra sobre o seu reino, tudo estava congelado, estéril, sem vida, e o rei, ferido, passava o tempo pescando através de um buraquinho no gelo. Certo dia chegou um cavaleiro procurando o Santo Graal. Ele perguntou ao Rei Pescador: *Onde está o Graal?* Mas fez a pergunta errada e por isso o cavaleiro teve que empreender uma longa e distante jornada pelos dez anos seguintes, vagando por lugares desertos. Finalmente retornou ao castelo do Rei Pescador, que ainda continuava pescando através daquele buraquinho no gelo. Porém desta vez o cavaleiro lhe fez a pergunta certa; ele simplesmente perguntou: *Como está você?* E com essa pergunta a maldição se acabou naquele reino. A grama começou a crescer, o gelo derreteu, os animais recomeçaram a procriar. Qual foi o significado da pergunta dele? Por que sua pergunta liberou o reino da maldição? Porque era uma pergunta simples, que demonstrava interesse, bondade e compaixão humanas.

Há outra pergunta que talvez queiram fazer a si mesmos e assim permanecer acordados à noite. Desta vez, cada um faça a pergunta a si mesmo, mostre compaixão por si mesmo: *Como estou?*

No Evangelho Jesus faz muitas perguntas e uma das mais poderosas que faz a seus discípulos é narrada por São Lucas. Jesus estava rezando sozinho na presença de seus discípulos e lhes perguntou: "Quem sou, no dizer das multidões?" Eles responderam: "João Batista; outros, Elias; outros porém, um dos antigos profetas que ressuscitou". Jesus não reagiu às respostas deles; olhou para os discípulos e lhes perguntou: "E vós, quem dizeis que eu sou?"[3]

Penso que essa é a questão central da fé cristã. Não discutimos quais pessoas dizem quem Jesus é, mas ouvimos a sua pergunta dirigida a nós: "Quem dizeis que eu sou?" Veremos para onde essa pergunta poderá nos levar, se a ouvirmos, se quisermos ouvi-la. Essa é mais uma pergunta sobre a qual devemos refletir.

– *O que você procura?*
– *Como estou?*
– *Quem você diz que eu sou?*

Outras perguntas importantes para nós são: *O que é a oração, o que é a minha oração, como rezo? Realmente rezo ou penso sobre oração? Realmente rezo ou leio sobre oração? E qual é a jornada de oração que empreendi até hoje?*

No Capítulo 12, versículo 2, da Epístola aos Romanos, São Paulo dá-nos uma indicação a respeito da natureza da oração.

---
[3] *Lucas 9, 18-20*

Ele pede aos seus irmãos e irmãs que ofereçam seus corpos a Deus, culto oferecido pela mente e pelo coração. E lhes diz: "E não vos conformeis com este mundo, mas transformai-vos, renovando a vossa mente, a fim de poderdes discernir qual é a vontade de Deus, o que é bom, agradável e perfeito".

Isso poderá nos levar a fazer outra pergunta: *Realmente quero ser transformado, quero que minha mente seja renovada? Ou estou contente o bastante da forma como sou?* Buda disse que se alguém deseja alcançar a iluminação deve desejá-lo tão intensamente quanto uma pessoa que está se afogando deseja o ar. O chamado de Jesus para que o sigamos tem essa mesma força, urgente e irresistível.

Quando meditamos, respondemos a esse chamado. Experimentamos a oração da forma como São Paulo a descreve. Não rezamos apenas com a mente, mas trazemos a mente para o coração. Para compreender a meditação precisamos perceber a diferença entre mente e coração. Os primeiros cristãos chamavam a meditação, ou oração contemplativa, de *oração pura*. *Pura* porque purifica o coração. *Pura* porque é uma oração purificada de desejos e temores.

Quando começamos a meditar descobrimos quão agitada e impura é a mente. Quando digo impura, não quero dizer simplesmente que temos maus pensamentos, mas que nossos pensamentos são confusos, agitados e perdidos. Assim, a prática da meditação leva a mente a um estado de clareza. Essa é a renovação da mente de que fala São Paulo, e como a maioria de nós está apegada à atividade mental achamos difícil meditar. Talvez tenhamos perdido o contato com esse centro de nós mesmos que é o coração. É muito fácil viver a vida sem estar em contato com o coração, mas nossa vida vai se revelar então incompleta e insatisfatória. Frequentemente não sabemos o que está faltando, nem que estamos procurando o coração, ou pensamos que o coração é apenas um lugar sentimental onde guardamos muitos sentimentos e emoções. O coração porém não é apenas o centro dos sentimentos; ele é um símbolo espiritual universal, simboliza a totalidade ou a integridade da pessoa. O coração é o centro onde todos os aspectos de nós mesmos se integram. Quando falamos ou agimos a partir do coração somos sinceros. Colocamos todo o nosso ser na palavra, na ação. Não há autoengano nem desejo de enganar outros. Portanto estamos em paz com nós mesmos.

A meditação pode ser chamada de *oração do coração*. Nos períodos de meditação realizamos o trabalho simples mas concentrado, de trazer a mente para o coração. E a consequência maravilhosa desse trabalho é que, uma vez estando no coração, não podemos voltar atrás. Podemos ficar confusos, às vezes esquecer quem somos, mas se houver uma experiência verdadeira do coração ela nos mudará para sempre.

Outra pergunta importante, a última desta noite, é: *Como entramos no coração, como meditamos?* A tradição cristã oferece-nos uma forma muito simples de fazer isso. John Main, meu professor e fundador da nossa comunidade de meditação, conheceu a meditação muitos anos antes de se tornar monge, quando era jovem e vivia no Extremo Oriente. Ele era cristão, católico praticante e começou a praticar meditação diariamente. Alguns anos mais tarde, quando se tornou monge beneditino no início dos anos 50, o mestre de noviços ordenou-lhe que parasse de meditar dessa forma. Isso mostra o quanto os mestres cristãos tinham perdido contato com sua própria tradição contemplativa. A oração era identificada apenas, basicamente, com a oração mental e a oração litúrgica. Nos últimos 20 ou 30 anos tem havido uma grande redescoberta da tradição cristã contemplativa mística. John Main foi um dos importantes mestres nessa redescoberta. É devido à sua experiência que estamos aqui reunidos neste final de semana.

No fim dos anos 60 John Main começou a se perguntar qual era o significado da vida monástica e o significado da Igreja no mundo moderno. Tais perguntas levaram-no a explorar as raízes de sua própria tradição espiritual cristã. Esse trabalho levou-o aos Padres do Deserto – os primeiros monges cristãos – e às *Conferências* de João Cassiano. Cassiano foi o grande mestre de São Bento. Ele trouxe a experiência desses primeiros monges do deserto, do Egito para o Ocidente. São Bento diz em sua *Regra* que se o monge quiser saber o que é oração, oração profunda, deve ler Cassiano. São Bento descreve sua *Regra* como uma pequena norma para iniciantes; é muito bonita, mas de estrutura muito elementar para a vida espiritual; basicamente, períodos regulares de oração vocal durante o dia. São Bento dá conselhos muito bons sobre como grupos de pessoas podem viver juntas sem se matar umas às outras. É uma bonita visão de vida cristã harmoniosa e integrada. Mas ele diz que para aprofundar a jornada espiritual e a oração, deve-se ler as *Conferências* de Cassiano, e recomenda que estas sejam lidas em voz alta durante as refeições nos mosteiros.

Duas conferências particularmente chamaram a atenção de John Main, a Conferência nº 9 e a Conferência nº 10. Na Conferência nº 9 o Abade Isaac, um dos velhos Padres do Deserto, fala sobre o padrão básico da oração. Descreve os diferentes estágios da oração e a união final da nossa oração com a oração de Cristo. Ele chama isso de *oração de fogo*, quando nos unimos à experiência de Cristo da mesma forma que o fogo se une àquilo que queima. É uma descrição muito bela, uma teoria bela sobre a oração.

Cassiano relata que ouviu esse ensinamento do Abade Isaac e ficou muito agradecido. Voltou então à sua cela no meio do deserto e de repente percebeu que o velho monge não lhe tinha ensinado como orar dessa forma. Dirigiu-se novamente ao Abade Isaac e lhe disse: *O senhor não me ensinou como fazer isso.* O Abade Isaac sorriu e respondeu: *Ótimo! Você está pronto para compreender quando sabe que pergunta fazer. Agora então que está pronto vou lhe contar.* E disse que a grande dificuldade que Cassiano enfrentaria na oração seria a distração e a perturbação da mente.

De fato, nossas mentes estão constantemente preocupadas com o passado ou com o futuro, vivemos sonhando acordados e fantasiando. Somos controlados por muitas lembranças inconscientes ou experiências não resolvidas, às vezes por períodos longos ou curtos de depressão, ou ainda por dramáticas mudanças de humor. Temos dificuldade em nos concentrar e até mesmo medo de nos concentrar. Podemos ter receio de ficar quietos, de não ter nada para fazer, de ficar em silêncio. É neste ponto então que começamos.

O velho monge sugere uma prática simples para sairmos desse estado. Ele diz que é uma tradição muito antiga, que remonta aos primeiríssimos Padres do Deserto, e que estes a receberam dos Padres Apostólicos. O que eles recomendavam era escolher uma única palavra ou uma frase curta (em latim, *formula*; John Main reconhece isso como um *mantra*, uma palavra ou frase sagrada) e repeti-la de maneira contínua, na mente e no coração. O Abade Isaac ensina que a repetição da palavra leva à pobreza do espírito, a primeira das bem-aventuranças, a base de toda a felicidade. Leva-nos à pobreza porque abandonamos toda a riqueza de imaginação e pensamentos. Cassiano acrescenta que devemos repetir a palavra em tempos de prosperidade e em tempos de adversidade.

Mesmo que algumas vezes durante os períodos de meditação você se sinta em paz e quieto, continue repetindo seu mantra. Outras vezes você poderá sentir-se distraído, estéril, desencorajado e a meditação vai parecer perda de tempo. Essas frequentemente são as meditações mais valiosas que poderá experimentar. Você não deve julgar a meditação pelo que ocorre durante sua execução. Deve deixar que outras pessoas julguem se a sua meditação está funcionando ou não. Se praticar com regularidade certamente verá os resultados em você mesmo. Essa é então a resposta simples para a pergunta *como?* E é a única resposta definitiva que sugiro para qualquer das perguntas que fizermos neste final de semana.

Posso resumir tudo o que falei em três palavras: *repita seu mantra*. Você se senta quieto, com as costas eretas, fecha os olhos suavemente e começa a dizer a sua palavra silenciosamente, interiormente. Permaneça com a mesma palavra durante todo o período da meditação, todos os dias. Poderá por exemplo escolher a palavra *Jesus* ou a palavra *Abba*[4]. A palavra que eu pessoalmente recomendo é *Maranatha*. Se você escolher esse termo, pronuncie-o em quatro sílabas: MA-RA-NA-THA. À medida que diz a palavra, articule-a claramente em sua mente e no seu coração. A princípio parecerá que só está repetindo a palavra mentalmente e surgirão vários pensamentos, medos, desejos, planos, lembranças. Você será constantemente interrompido, mas se perseverar na fé simples o mantra suavemente o conduzirá da mente para o coração. Conforme isso acontece, o mantra enraizará você no seu coração. Para permitir que isso aconteça devemos simplesmente ouvir a palavra enquanto a repetimos, prestar atenção a ela, e começar a repeti-la novamente assim que paramos de dizê-la. A única forma de realmente compreendermos e acreditarmos nisso é experimentarmos por nós mesmos. E a

---

[4] Ver nota 7 na pág. 39.

O significado da fé

única maneira de experimentarmos é ter fé e praticar. A meditação nos ensina o significado da fé. João Cassiano diz que o melhor professor é a própria experiência e vivemos nossa própria experiência em uma grande comunidade de fé.

Essas eram as perguntas que eu queria apresentar a vocês e sugiro apenas uma resposta: meditar com seriedade e com simplicidade. Os períodos mais importantes deste final de semana serão os de meditação. Tudo o que fizermos deve ter o objetivo de nos preparar para esses períodos. Isso significa que devemos tentar permanecer atentos, na presença de Deus, todo o tempo. A melhor maneira de fazer isso é ter consideração pelas outras pessoas, e particularmente num retiro de silêncio é preocupar-se em não perturbar as outras pessoas.

Certa vez perguntaram a John Main: *Qual é a melhor forma de se preparar para a meditação?* Ele respondeu: *Pequenos atos de bondade.* Tentem então praticar pequenos atos de bondade durante este final de semana. Como um exemplo desses pequenos atos de bondade, cada um fique o mais quieto possível durante os períodos de meditação. Se você tiver que tossir, tussa quieto; se quiser desembrulhar uma bala, desembrulhe-a antes do período de meditação; não abra a bolsa ou a carteira para ver se o cartão de crédito está lá dentro; tente sentar-se da forma mais quieta e silenciosa possível.

Certamente é muito importante observarmos o horário e sermos pontuais para os períodos de meditação e as palestras. É um ato de atenção e de consideração pelas outras pessoas. Eu mesmo sou uma pessoa muito impontual, portanto façam o que eu digo mas não o que eu faço. A melhor maneira de ser pontual é chegar mais cedo. Procurem então chegar sempre uns cinco ou dez minutos antes do horário marcado. Antes das palestras haverá sempre música suave tocando na sala durante uns dez minutos; é uma boa maneira de nos aquietarmos e nos prepararmos. Depois das palestras não vamos sair correndo, vamos ouvir mais um pouquinho dessa música e sair em silêncio. Haverá música também durante as refeições. Num retiro como este é interessante aquietar o corpo conscientemente e também diminuir a atividade mental. A prática de ioga pode ajudar bastante e temos entre nós alguns instrutores que poderão nos orientar. Estamos em um local muito bonito, basta abrir os olhos para ver toda a beleza que está à nossa volta.

Um dos Padres do Deserto disse que não precisava da Bíblia, bastava olhar o livro de Deus escrito na natureza, embora ele já soubesse a Bíblia de cor. Seria muito bom passar alguns momentos do dia lendo a Bíblia. Escolha uma passagem curta das escrituras, leia em silêncio algumas vezes para você mesmo; é um pouquinho como chupar bala, quanto mais você chupa mais sabor vai sentir; às vezes tem até uma surpresa lá no meio da bala, um gostinho que você não esperava. Essa forma de oração é chamada *lectio divina*, ou *leitura espiritual*, e a ioga seria então um tipo de *lectio do corpo*. Uma forma muito boa de alcançarmos uma quietude mais profunda no coração é estarmos mais em paz e mais descansados no corpo.

Alguém gostaria de fazer alguma pergunta agora sobre o que falei, ou sobre a meditação?

Gostaria de saber o que é o coração à luz da meditação.

O coração é o centro mais profundo de nós mesmos. É o ponto onde somos mais simples e completamente nós mesmos. No coração todos os aspectos negativos ou irreais de nós mesmos se dissolvem, e portanto no coração somos o nosso eu verdadeiro. E nós já estamos lá, na verdade. Meditar é simplesmente remover os obstáculos aparentes que nos impedem de estar lá ou de chegar até lá. É o centro mais profundo de nosso ser, onde estamos em quietude e puramente despertos. Estamos também no centro de controle do amor universal. Quando estamos em nosso próprio coração, estamos em todos os centros.

Quem é Deus?

Se fizermos a pergunta *Quem é Deus?* seremos como Moisés perguntando a Deus *Qual é o seu nome?* Parece que a resposta de Deus foi *Cuide da sua vida...* No entanto o que Ele disse a Moisés é que poderia se referir a Deus como "Eu Sou"[1].

Jesus ensinou que os mistérios do Reino são revelados aos simples. Ao conversarmos com pessoas sem muita educação escolar mas que sejam inteligentes e levem uma vida no campo, fora das cidades, percebemos que essas pessoas sabem muito mais quem é Deus do que os acadêmicos, os teólogos, os monges, que estão sempre falando a respeito de Deus. Só saberemos quem é Deus se tivermos uma experiência de Deus, e para termos essa experiência precisamos criar o espaço e as condições necessárias. Isso é exatamente o que significa fé.

Fé é a nossa capacidade de ter a experiência de Deus. Os grandes mestres que nos falam de tal experiência são aqueles da tradição mística contemplativa, aqueles que mais experimentaram Deus. Muitos grandes teólogos podem articular nossas crenças a respeito de Deus, mas crenças não são o mesmo que fé.

---

[1] *Êxodo* 3, 14

Quem é Deus?

Essa é a distinção que quero comentar com vocês durante o tempo que estaremos juntos.

Fé é nossa capacidade de experimentar Deus, isto é, nossa capacidade de transcender, nossa capacidade de compromisso, nossa capacidade de amar. Como veem, todas essas são capacidades que também dizem respeito aos nossos relacionamentos humanos. Crença, por outro lado, é a forma como tentamos expressar essa experiência. Nossas crenças são realmente muito importantes para a forma como vivemos e nos comunicamos, mas são secundárias quando se trata da experiência. Frequentemente, sendo pessoas religiosas, colocamos a crença em primeiro lugar e depois a fé; adoramos então nossas crenças ao invés de adorar a Deus.

Na Igreja do Oriente existe a percepção de que teologia e oração estão intimamente relacionadas, mas na Igreja Ocidental elas se separaram dramaticamente. Essa é realmente a crise religiosa no Ocidente hoje e o motivo pelo qual existe em nossa sociedade tanta fome de experiência; explica também por que muitas pessoas sentem que têm de abandonar a Igreja para viver essa experiência.

Um dos Padres do Deserto disse que toda pessoa que reza é um teólogo, e teólogo é a pessoa que reza. Devemos abordar essas palavras conhecidas com novo sentido e nova sensibilidade. São João diz que todo aquele que ama vive em Deus, porque Deus é Amor. Eis uma resposta muito simples para a nossa pergunta *Quem é Deus?* É por isso que frequentemente encontramos pessoas que dizem: *Eu não acredito em Deus* e, no entanto, são pessoas boas, amorosas e sinceras. Elas estão tendo uma experiência de Deus embora não acreditem em Deus.

Certa vez eu jantava na Universidade, sentado junto a um professor de Física, e ele ficou bastante surpreso de estar ao lado de um monge. Começou a conversa dizendo: *Eu não acredito no seu Deus, sabe?* Perguntei: *Como você sabe quem é o meu Deus?* O professor respondeu: *Bem, tenho minha própria ideia de quem é Deus, mas não é o Deus da sua religião, o Deus cristão.*

Quando as pessoas dizem *Eu não acredito em Deus*, o que elas querem dizer com isso? Se são pessoas amorosas, estão experimentando Deus. Se amam, ou tentam amar, elas estão vivendo em Deus, mas rejeitam algumas fórmulas ou crenças religiosas porque tais crenças já perderam autoridade aos seus olhos. Essas crenças perderam a autoridade da experiência.

Já que estou falando tanto sobre experiência, vejamos o que isso significa. Os melhores mestres são provavelmente os Padres do Deserto, os primeiros monges cristãos. A tradição do deserto foi um desabrochar notável de espiritualidade cristã nos séculos 3º e 4º. Assim como hoje as pessoas vão à Ásia em busca de seus gurus ou de ensinamento espiritual, naquela época os homens se retiravam para o deserto do Egito. O fundador mítico do movimento monástico cristão foi Santo Antão do Deserto. Sua biografia, escrita por Santo Atanásio, é um grande símbolo da experiência de Deus.

Antão era um jovem cristão que aos 18 anos de idade se perguntou como poderia viver sua fé de maneira mais profunda. Seus pais já haviam morrido, ele tinha uma irmã de quem cuidava e também muitas terras e bens. Certo dia na igreja ouviu a passagem do Evangelho na qual Jesus disse ao rapaz rico que se ele quisesse ser perfeito deveria abandonar tudo e segui-lo. A leitura dessa passagem tornou-se uma *palavra* que penetrou profundamente em seu coração. Na tradição do deserto, o discípulo geralmente se dirige ao seu abade ou guru e pede: *Pai, dê-me uma palavra*. *Palavra*, aqui, significa uma poderosa transmissão de compreensão instantânea, de discernimento. Antão foi penetrado por essa Palavra de Deus. Se nossos corações e mentes estiverem abertos, isso poderá acontecer conosco, a qualquer momento. É frequentemente a Palavra de Deus que traz em si a experiência de Deus.

Há um grupo de meditação cristã numa prisão da Inglaterra, que às vezes visito, em que um dos meditantes é um homem que está cumprindo pena de 20 anos. Ele não seguia nenhuma religião até que um dia, ao voltar da oficina, passou pela frente da capela da prisão como fazia todos os dias, sem nunca pensar sequer em olhar para ela. Nesse dia seus olhos perceberam um cartaz colocado no lado de fora da capela; o cartaz continha os dizeres da escritura: "Tranquilizai-vos e reconhecei: Eu sou Deus".[2] Por alguma razão misteriosa ele estava aberto a essas palavras. Retornou à sua cela e começou a repetir essa frase. Foi o início da jornada espiritual para ele, como também o foi para Santo Antão.

Antão vendeu todas as suas propriedades, colocou sua irmã num convento – até hoje não sabemos se ela gostou da ideia ou não, mas acho que não tinha outra escolha – e começou a viver uma vida monástica nos arredores do vilarejo. A essa altura da história os monges ainda não tinham ido para o coração do deserto. Finalmente Antão sentiu um chamado para penetrar mais profundamente na solidão e começou a empreender viagens a pontos cada vez mais remotos do deserto. Com a idade de 35 anos decidiu viver em completo isolamento num forte abandonado no deserto e pediu a seus amigos que trouxessem pão e água e deixassem do lado de fora do forte para ele. Ficou nesse local, em solidão, durante 20 anos. Após esse tempo seus

---

[2] *Salmos* 46 (45), 11

amigos acharam que deveriam resgatá-lo. Entraram no forte esperando encontrá-lo morto ou louco. Na verdade eles o encontraram no auge da forma física, nem tão gordo por falta de exercício e nem tão magro por falta de alimento. Sua mente estava clara e luminosa. Ele falava de maneira bondosa e racional. Pelos próximos 70 anos de sua vida – a vida monástica é uma boa maneira de se ter uma vida longa, se vocês o quiserem – Antão se dedicou a curar os doentes, confortar os que sofriam e reconciliar os que estavam em conflito. Tornou-se então o grande *Abba* (Pai), o grande guru do deserto.

Devemos apreciar essa história também à luz do símbolo que ela contém. Devemos ver como a experiência de Deus dá início a um longo processo. São Bento orienta seus monges a fazerem o voto de conversão de vida, que é o compromisso com uma mudança contínua. Estamos constantemente abertos a mudanças radicais. Na vida de Antão isso é simbolizado pela sua entrada cada vez mais profunda no deserto. Para nós o deserto tomará uma forma diferente da que tomou para ele. O deserto é, essencialmente, o espaço, o vazio, que criamos para a experiência de Deus.

Os primeiros monges eram atraídos para o deserto ao mesmo tempo que o temiam, da mesma forma que somos atraídos para a meditação e a tememos. Se somos atraídos para ela, por que encontramos tanta dificuldade em praticá-la regularmente? Na época dos Padres do Deserto acreditava-se que o deserto estava cheio de demônios. Que demônios realmente eram esses? Para os Padres do Deserto a luxúria, a ira, a preguiça não eram simplesmente pecados que cometiam porque queriam cometê-los. Quem quer sentir raiva, sentir orgulho, sentir ciúmes? Alguém deseja ser consumido pela luxúria? Os Padres do Deserto compreendiam que essas eram compulsões internas, aquilo que os budistas chamam de aflições negativas ou emoções negativas. São forças autônomas que existem dentro de nós. Eles lutavam com esses demônios interiores.

Durante nossa vida temos algumas vezes consciência desses demônios. Há algumas semanas eu estava dirigindo em Londres e um ciclista ficou muito zangado comigo ao atravessar na minha frente. Ele quis expressar sua opinião a meu respeito; então abaixei o vidro e ouvi o que ele tinha a dizer, ouvi várias expressões que há muito tempo não ouvia. Era uma torrente de raiva que saía de dentro dele. Ele nem mesmo tinha tocado meu carro, por isso não havia um motivo verdadeiro para estar com tanta raiva. Quando ele terminou, eu disse: *Desculpe!* O homem ficou muito desapontado com essa resposta. Quando você está com muita raiva, quer que a outra pessoa também fique com raiva. Embora eu tenha temperamento irlandês, ele não veio à tona naquele momento. De novo ele começou uma ladainha de palavras, uma linguagem com muita imaginação. E de novo eu disse: *Sinto muito que você esteja zangado, o que mais posso dizer?* Percebi então que o demônio da raiva começou a ficar confuso dentro dele; ele lutava procurando as palavras e como um menininho falou: *Bem, prometa que você nunca mais vai fazer isso.*

Certamente podemos experimentar demônios em nossa vida cotidiana. Para os Padres do Deserto a raiva era um dos demônios mais destruidores. Eles sabiam que o demônio da raiva vive em nós, mesmo quando estamos em isolamento. Há a história de um Padre do Deserto que decidiu que não poderia viver mais no mosteiro entre outros monges e tornou-se um eremita. Achava que os outros monges o deixavam raivoso, então mudou-se para uma cela no eremitério para levar uma vida pacífica. Ele costumava caminhar até o rio para pegar água e, de volta à cela, colocava a jarra sobre a mesa. Certo dia ele se virou, bateu na jarra e derramou toda a água. Pensou: *Bem, não tenho mais nada a fazer senão voltar e pegar mais água.* Aconteceu a mesma coisa três vezes. Na terceira vez, quando a água se derramou, o demônio da raiva apareceu e tomou conta dele. Muitos de vocês provavelmente já experimentaram isso lidando com computadores. Ele percebeu então que aquilo não era culpa dos outros monges mas do seu próprio demônio interior.

Para os Padres do Deserto, o deserto é o lugar onde nos confrontamos com os demônios. Na verdade, até os buscamos; não fugimos deles e nem negamos que existam. O deserto é o espaço onde podemos ser verdadeiros conosco mesmos. Para a maioria de nós na vida de hoje, o deserto é o nosso período de meditação. É o espaço de abertura e vazio onde penetramos mais e mais profundamente. O deserto, como está na Bíblia, é o local onde deixamos o mundo e encontramos Deus.

A experiência de Deus leva-nos a esse processo de purificação, e não é uma experiência romântica, é uma experiência de Amor. O amor pode começar com um romance, mas não continua como um romance. É por isso que os Padres do Deserto não tinham uma ideia romântica do monaquismo, como muitas pessoas hoje a têm. Os leigos que vivem fora dos mosteiros têm uma tendência a achar que os mosteiros são lugares ideais. Essa visão romântica baseia-se frequentemente em imagens medievais de monges e de mosteiros. Mas não há nenhum benefício espiritual em encararmos a vida monástica dessa forma. A espiritualidade do deserto é a que nos fala hoje muito mais de perto. E não há nada de romântico a respeito do deserto.

Os monges do deserto expressam o arquétipo monástico, o monge interior. São Bento diz que monge é simplesmente alguém que procura Deus. É o monge que existe dentro de cada um de nós que procura Deus. Perguntaram a um Padre do

Quem é Deus?

Deserto: *Como posso me tornar monge?* Ele não respondeu: *Você deve ir para um mosteiro.* Ouçam a resposta dele: *Se você deseja o descanso e a paz aqui e na próxima vida, em qualquer ocasião, diga: Quem sou? E não julgue ninguém.*

Um dos demônios de que os Padres do Deserto também tinham bastante consciência é o demônio do orgulho. É um demônio muito grande e perigoso para as pessoas religiosas e para os que querem desenvolver uma vida espiritual. Por isso Jesus disse que as prostitutas e os coletores de impostos entrariam no Reino do Céu antes dos fariseus e dos saduceus. Para os Padres do Deserto o grande perigo era julgar outras pessoas. Esse é um pecado que as pessoas religiosas têm grande tendência a cometer.

Já falei um pouco sobre a espiritualidade do deserto e vou tentar explicar como podemos entender a experiência de Deus. A resposta à pergunta *Quem é Deus?* pode ser encontrada na experiência e não numa definição intelectual. Os Padres do Deserto não eram intelectuais, não escreveram livros. Ensinavam por meio do silêncio ou do exemplo de suas vidas. Relutavam em dizer às outras pessoas o que fazer. Tinham grande desconfiança da autoridade, particularmente da autoridade institucional. Por isso eles não queriam ser padres, porque para ser padre era preciso aceitar a autoridade institucional.

Lembro-me de quando, recentemente, o cardeal Basil Hume veio ao nosso mosteiro em Londres para ordenar alguns monges. O cardeal Hume foi um monge beneditino que depois se tornou cardeal. Durante sua homilia na cerimônia de ordenação ele disse algo surpreendente: "Este é um dia muito feliz para vocês e para a comunidade. Rezo para que sirvam bem a Deus como padres, mas isso significa uma diminuição da sua vocação como monges". Quando disse isso estava falando com o mesmo espírito dos Padres do Deserto.

Embora os Padres do Deserto fossem famosos por seu ascetismo e pela disciplina de suas vidas, o valor mais importante para eles era o da caridade. A resposta mais simples para a pergunta *Quem é Deus* é a seguinte: *Deus é Amor*! São João diz que aqueles que não amam, mesmo as pessoas religiosas que não amam, não conhecem nada de Deus. Fé em Deus significa nossa experiência de Deus. É essa experiência que dá forma à nossa crença. Não somos salvos por aquilo em que acreditamos. Vocês podem acreditar que o Brasil é um país independente mas essa crença não faz de vocês, brasileiros, patriotas. Santo Agostinho dizia que até mesmo o diabo acredita em Deus. E Jesus dizia àqueles a quem curava: "A tua fé te salvou" ou "A tua fé te curou". Amor e Fé são inseparáveis. Ser fiel, ser leal, é a maneira como amamos, como expressamos esse amor. Podemos usar a mesma palavra *fé* para descrever nosso relacionamento com Deus ou nosso relacionamento com o marido, a mulher, ou os amigos.

Uma amiga contou-me recentemente que um dia seu marido chegou em casa, depois de 25 anos de casamento, e disse-lhe que ia deixá-la, pois nos últimos 10 anos ele vinha tendo um caso com uma outra mulher. Minha amiga, nessa situação, teve uma compreensão muito particular do significado de fé. O compromisso que seu marido havia assumido com ela fora quebrado. Quando experimentamos infidelidade sentimos grande dor e confusão. Nossa identidade mais profunda como seres humanos é construída pelos atos de fé que praticamos, de compromissos que assumimos e de experiências de amor nas quais perseveramos. Quando esses relacionamentos se rompem, experimentamos um questionamento profundo a respeito de quem somos. E como essas experiências são inevitáveis na vida, precisamos saber como enfrentá-las.

Quem é Deus?

Todos temos necessidade de um amor que não nos possa trair. Essa é a nossa fome de Deus, mas esse amor de Deus não é um substituto para o amor humano. Se fizermos dele um substituto para o amor humano, vamos nos tornar fanáticos religiosos, de fato, pessoas não amorosas. É o que ocorre com pessoas muito religiosas que não praticam nenhuma caridade ou amor. Elas criam uma imagem de Deus em suas mentes, um ídolo, adoram esse ídolo, não querem que ninguém o toque: *é o meu ídolo, não preciso de mais ninguém, basta Deus e eu*. Isso é pura fantasia.

A espiritualidade do deserto ataca exatamente a raiz da fantasia. Mesmo na questão da sexualidade, por exemplo, os Padres do Deserto eram magnânimos com relação a pecados sexuais que poderiam ocorrer no deserto. Não consideravam esse o pior tipo de pecado. O orgulho era muito pior. O que eles realmente combatiam era a fantasia sexual. A tradição do deserto tinha muita consciência do poder da imaginação, do poder da fantasia em todos os setores da vida, e isso é o que tentavam purificar. É exatamente o que fazemos na meditação. O grande inimigo na meditação é o sonhar acordado.

Nossa fome de Deus é a fome de um amor que não nos possa trair, um amor que restaure nossa plena capacidade de amar quando formos traídos. É por isso que a meditação se expressa como uma expansão da nossa capacidade de amar e perdoar. *Perdão* é apenas uma outra palavra para *amar nossos inimigos*. São João diz que não podemos amar Deus, que não vemos, se não amamos o próximo, que vemos. No entanto, amar o próximo sempre nos colocará em uma posição vulnerável ao sofrimento. Quem de nós pode amar incondicional e constantemente? Para curar as feridas causadas por nosso amor imperfeito uns pelos outros precisamos estar abertos para o amor que é Deus. O amor humano e o amor divino não podem ser separados, mas são distintos. Todo amor é divino, mas não no mesmo grau.

Então, como conhecemos Deus? A tradição cristã diz que não podemos conhecer Deus por meio do pensamento, mas somente pelo amor. Para amar alguém de maneira adequada precisamos ver esse alguém como realmente é. E não há nada mais difícil que isso, porque constantemente projetamos na outra pessoa nossas próprias imagens e ideias de quem ela é. Poderão ser imagens positivas se acharmos a pessoa atraente, poderemos até criar imagens ideais sobre ela e nos desapontar. Isso acontece frequentemente em nossas relações com líderes espirituais, com *pop stars* ou com alguém por quem nos apaixonamos. Se ao contrário não acharmos a pessoa atraente, projetaremos nela imagens negativas e ela se tornará o diabo em pessoa. Vemos como a mídia frequentemente faz isso com líderes políticos, sobretudo do Oriente Médio. Se você faz de alguém um diabo, poderá então fazer qualquer coisa com ele, como bombardear suas escolas ou hospitais.

Toda vez que projetamos ideias ou imagens nas outras pessoas somos incapazes de amá-las. Ocorre o mesmo em relação a Deus. Para amar a Deus temos de retirar as projeções que fazemos sobre Ele, sejam elas positivas como fazer de Deus um gerente de banco amigo ou um tio favorito que sempre nos dá aquilo que queremos, ou projeções negativas como quando Deus se torna um juiz ou um pai irado, alguém que vai nos castigar se quebrarmos as regras. Amar Deus significa purificar as ideias e imagens que temos Dele. Talvez por essa razão os Padres do Deserto não falem muito a Seu respeito. Eles não desenvolveram grandes sistemas de crenças sobre Deus, apenas descreveram suavemente a maneira como podemos entrar na Sua experiência e acima de tudo a prática da *oração pura* na qual todas as nossas ideias, palavras e imagens de Deus cessam.

Quem é Jesus?

Há outro demônio do qual os Padres do Deserto eram bastante conscientes, chamado *o demônio do meio-dia*. É o demônio que nos faz dormir durante a palestra da tarde. Os Padres do Deserto costumavam fazer apenas uma refeição por dia, como os monges budistas. Na maioria dos mosteiros o mais importante era comer, então se dizia que se houvesse apenas uma refeição por dia não haveria muito mais o que esperar. O período da tarde era sempre difícil para os Padres do Deserto, mas esse demônio do meio-dia é um pouco mais sério que isso.

Se quisermos entender a experiência de Deus precisamos compreender um pouco esse demônio a que chamavam *demônio da acídia*[1]. A acídia ocorre particularmente no meio do dia, mas também pode ocorrer na metade da sua vida. Na verdade faz parte do caminho espiritual e devemos estar preparados para ela. Há graus diferentes desse problema; você poderá senti-lo apenas como uma certa inquietação ou impaciência, ou como um profundo sentimento de desespero, um sentimento de que "se Deus realmente existe Ele se esqueceu de mim. Não há nenhuma experiência de Deus, a vida é apenas uma lenta jornada

---

[1] Do grego, *akedía*, 'indiferença', 'tristeza', pelo latim, *acedia*. Abatimento do corpo e do espírito; moleza, frouxidão; acédia.

para a morte e penso que toda a minha prática espiritual até este momento foi perda de tempo. Sentimentos de paz ou alegria que experimentei no passado foram apenas ilusões". Tudo isso poderá levá-lo a querer desistir completamente da jornada espiritual, ou talvez você pense: "Bem, se eu tentar um outro supermercado talvez lá encontre um produto espiritual melhor".

Não há cura instantânea ou fácil para o problema da acídia. Quando o discípulo vinha ao Abade com esse problema, o mestre ouvia, porque o relacionamento pessoal entre ambos era algo muito importante, e finalmente dizia: *Volte para sua cela e ela lhe ensinará tudo*. Se o mestre fosse capaz de comunicar ao discípulo um pouco do que é o espírito, talvez o discípulo pudesse compreender tal ensinamento. O significado para nós da nossa experiência de deserto que é a meditação, é que simplesmente devemos continuar meditando. Quando paramos, devemos recomeçar.

A experiência da acídia é parte do ciclo de crescimento na jornada espiritual que leva à experiência de Deus. Devemos estar preparados porque é uma visita bastante frequente. É como um membro da família que você não gosta de encontrar com frequência, a sogra, por exemplo, que vem passar alguns meses na sua casa. Não há nada que se possa fazer, você tem que aceitar a presença dela. Quem contou essa história disse que a sogra é uma pessoa muito difícil, reclama de tudo e está sempre fazendo observações a respeito de como o filho dela, marido dessa moça, costumava comer coisas bem melhores e mais gostosas antes de se casar. Mas ela tem que aceitar essas visitas casuais e tentar deixar a vida correr o mais normalmente possível. Diz ela que no momento em que a sogra vai embora é como se o sol aparecesse, como se ela e o marido tivessem uma nova lua-de-mel.

Quem é Jesus?

Os Padres do Deserto diziam que devemos estar preparados para a experiência da acídia. Quando suportamos e compreendemos esses períodos, entramos em um outro nível da nossa experiência de Deus. É uma experiência que eles chamavam de *apatia*[2]. Literalmente a palavra significa *sem paixão*, mas não no sentido em que comumente entendemos a paixão. Para os Padres do Deserto, esta significava um estado emocional desordenado, como quando nos sentimos dominados por um dos falados demônios. Na apatia descobrimos uma fonte de paz e alegria mais profunda dentro de nós mesmos. Os Padres do Deserto diziam que o filho da apatia é *ágape*[3]. Ágape é, naturalmente, uma outra palavra para se referir a Deus; significa amor ilimitado.

Cada um desses estágios da jornada espiritual é uma experiência de Deus, mas Deus transcende a qualquer forma fácil de descrevê-lo. Precisamos da experiência de Deus que é Amor; precisamos dessa experiência para nos curar e nos recuperar das feridas do amor imperfeito que temos uns pelos outros. Amamo-nos uns aos outros de maneira imperfeita, frequentemente não somos coerentes ou fiéis em nosso amor. Assim, as pessoas que amamos podem ser também as que nos ferem mais profundamente; necessitamos então de uma experiência de amor que não possa nos trair. Não devemos pensar no amor de Deus como um substituto para o amor humano. Como então amamos a Deus?

---

[2] Do grego, *apátheia*, pelo latim, *apatia*. No ceticismo e no estoicismo, estado em que a alma se torna insensível à dor e a qualquer sofrimento.

[3] Do grego, *agápe*, afeto, amor; refeição de confraternização. No vocabulário cristão, o amor que move a vontade à busca efetiva do bem de outrem e procura identificar-se com o amor de Deus; amor-caridade.

Amamos alguém quando o vemos como realmente é, e para isso precisamos retirar as projeções negativas ou positivas que fazemos sobre a pessoa. A fantasia, positiva ou negativa, é uma grande inimiga do amor, assim como o sonhar acordado é um grande inimigo da meditação. Da mesma forma que precisamos lidar com esse fato em nossos relacionamentos humanos, precisamos lidar com ele em nosso relacionamento com Deus. Podemos fazer projeções positivas sobre Ele e torná-lo um tio favorito que sempre tem balas no bolso para nos dar, ou fazer projeções negativas sobre Ele tornando-o um tirano ou um juiz punitivo. Se quisermos saber quem é Deus como Amor, precisamos purificar as imagens que temos em nossa mente. Por essa razão Mestre Eckhart rezava a Deus pedindo que Ele o livrasse Dele.

Isso nos traz de volta à diferença entre fé e crença. Lembrem-se que *fé* é a nossa capacidade para a experiência de Deus; nos relacionamentos humanos é também a nossa capacidade para o amor e o compromisso. Nossas *crenças* são a forma como tentamos descrever ou expressar essa experiência. Nossa experiência de Deus sempre precede nossas crenças. Percebemos isso claramente na capacidade de uma criança de experimentar Deus. Quase todas as pessoas com quem conversei relatam que tiveram alguma experiência bastante profunda de Deus na infância mas, como crianças, não temos os conceitos ou as palavras para descrever a experiência.

Quando tinha uns quatro ou cinco anos de idade, acordei certa noite e tomei consciência de uma espantosa presença de amor em mim e em torno de mim. Foi demais para eu suportar; pulei da cama, corri para a sala onde minha família estava reunida e me atirei nos braços de minha mãe; eu precisava tornar concreta essa experiência; não era amor por minha mãe nem por qualquer pessoa ou coisa em particular. Lembro-me de que minha família ficou surpresa com minha invasão na sala e eu, aos quatro anos de idade, não tinha nenhuma condição de expressar a experiência que estava vivendo. A única coisa que pude fazer foi mesmo me atirar nos braços de minha mãe. Não voltei para o quarto nem escrevi em meu diário que acabara de ter uma experiência de contemplação infusa! Quando crianças não somos capazes de descrever essas experiências e talvez por isso frequentemente acabamos por esquecê-las. Talvez as grandes escrituras do mundo sejam mesmo aquelas em que as pessoas tentaram descrever e comunicar suas experiências de Deus.

Ao mesmo tempo que fui capaz de ter essa experiência estava também conhecendo imagens e conceitos de Deus, e logo descobri que as ideias de Deus não tinham nenhuma relação com a experiência que eu tinha vivido. Estava aprendendo a respeito de um Deus que castiga e que me mandaria para o inferno se eu não fosse à missa aos domingos. Mas esse não era o Deus que eu experimentara. Na verdade não me ocorreu que aquela experiência fosse Deus, até que se passassem muitos anos.

Para muitas pessoas há um grande abismo entre suas crenças a respeito de Deus e a experiência de Deus. A meditação transpõe esse abismo e extingue muitas das nossas ideias mais conhecidas sobre Deus. Nossa capacidade de experimentar Deus mostra que a fé é parte inerente da pessoa humana. Na meditação praticamos e desenvolvemos a capacidade para a fé, porque a meditação é uma oração sem imagens e sem pensamentos. Podemos ter certeza então de que amamos Deus pelo que Ele é e não pelo que imaginamos sobre Ele; começamos também a ter a experiência de Deus que nos ama como nós somos. Essa é uma verdade cristã essencial e misteriosa, um enigma que se situa além de todas as descrições, um mistério a que chamamos Deus e que anseia por nós. A experiência fundamental do misticismo cristão é a do anseio de Deus por nós.

   Santo Irineu disse que nunca poderemos experimentar Deus como objeto, mas só poderemos experimentá-Lo se compartilharmos de Seu autoconhecimento. A forma como compartilhamos desse autoconhecimento de Deus leva-nos a outras questões sobre o significado da fé: Quem é Jesus? Quem é o Espírito Santo? Essa importante ideia de Santo Irineu significa que amamos Deus com o amor que Deus tem por nós. A melhor forma de compreendermos essa ideia é a experiência que adquirimos nos relacionamentos humanos. Na expressão mais profunda do amor humano, que pode ser o casamento ou a amizade, os papéis do amante e do amado são transcendidos. Há momentos no amor humano, embora não sejam frequentes, em que experimentamos essa transcendência, sentimos que estamos juntos em um amor comum.

   Discutir a existência de Deus filosoficamente torna-se desinteressante quando temos essa outra visão; é como se discutíssemos se existe ou não o amor; se uma pessoa nunca experimentou o amor, não é possível convencê-la de que ele existe. Por isso São Gregório de Nissa diz que todas as imagens de Deus são ídolos, pois todas transformam Deus em objeto. Podemos agir desse modo com outras pessoas nos relacionamentos humanos, podemos fazer delas um objeto de medo, de luxúria ou de desejo. Ao fazermos isso estamos traindo o relacionamento com elas, isto é, a nossa fé. Será que podemos encontrar uma imagem de Deus que seja realmente digna de confiança? É o que nos leva à pergunta *Quem é Jesus?*

   São Paulo diz que Cristo é a imagem do Deus invisível. Esqueçamo-nos por um momento daquele Deus raivoso, Iahweh, e de todas as outras imagens confusas e imprecisas que temos de

Quem é Jesus?

Deus, e tentemos fazer a pergunta *Quem é Jesus?* No entendimento cristão, Jesus é a maneira que Deus tem de ser humano. Falamos de Jesus como *o Verbo feito carne,* e *encarnação* é a tradução perfeita da Palavra de Deus em linguagem humana. Ao falarmos dessa forma precisamos colocar a ideia no contexto do diálogo inter-religioso. A afirmação não significa que rejeitamos ou excluímos as verdades de outras fés. O desafio é vê-las como se inter-relacionam. Como cristãos, poderemos fazer isso se compreendermos o significado da fé.

Então, *Quem é Jesus?* Jesus quer que façamos essa pergunta. Ele perguntou aos seus discípulos: "E vós, quem dizeis que eu sou?"[4] Se eu tivesse perguntado a vocês: *Quem vocês dizem que eu sou?* Vocês provavelmente se perguntariam: *Mas quem ele pensa que é?* Poderia ser a pergunta de uma pessoa completamente egoísta, pensando sempre em si, pondo o foco em si, como uma estrela de cinema, um ator ou uma atriz, que quer todas as luzes sobre ela. Mas podemos concluir que esse não era o problema de Jesus. Por que então Ele fez essa pergunta? Bem, Ele é um mestre e os mestres fazem as perguntas certas. As perguntas nos conduzem a uma certa direção, levam-nos a explorar a realidade por nós mesmos e os mestres devem ter uma autoridade que lhes seja adequada. A autoridade de Jesus é que Ele sabe quem Ele é. Não está alimentando seu próprio ego ao nos fazer a pergunta, e exatamente porque Jesus sabe quem Ele é, Ele é humilde, pois humildade significa autoconhecimento. No Evangelho de São João, Jesus diz "... meu testemunho é válido porque sei de onde venho e para onde vou".[5]

---

[4] *Lucas* 9, 20
[5] *João* 8, 14

Lembremos do que Santo Irineu disse a respeito de conhecer Deus: só O conhecemos compartilhando do autoconhecimento de Deus. Só posso conhecer você se permitir que eu compartilhe do seu autoconhecimento. Essa seria uma relação humana muito profunda e íntima. Podem se passar anos de relacionamento antes que essa partilha realmente ocorra. Jesus faz essa pergunta para nos conduzir ao autoconhecimento. Ele não está buscando a resposta certa do catecismo para essa pergunta. Qualquer resposta que dermos será uma crença. São Pedro respondeu: "O Cristo de Deus".[6] É a resposta certa, mas Jesus não lhe diz: *Ótimo! Essa é a resposta certa, então você será o primeiro papa!*

Quando estava a caminho de Jerusalém, Jesus disse aos discípulos: "... Pois aquele que quiser salvar a sua vida, a perderá, mas o que perder sua vida por causa de mim, a encontrará"[7], isto é, se quiserem encontrar seu verdadeiro Eu terão que aprender a perder-se; e lhes fez outra pergunta: "De fato, que aproveitará ao homem ganhar o mundo inteiro mas arruinar sua vida?"[8] Tenho um amigo médico que trabalha com pacientes terminais e ele conta nunca ter ouvido nenhum de seus pacientes dizer: *Ah! quisera ter passado mais tempo no escritório*.

O ensinamento de Jesus nessa passagem nos leva ao que podemos chamar de *pergunta redentora*. A pergunta redentora, a pergunta religiosa básica de todo ser humano é: *Quem sou?* Jesus quer nos levar ao mesmo autoconhecimento que Ele alcançou. Quer que saibamos de onde viemos e para onde vamos. A pergunta abre uma porta para nós, mas não precisamos entrar

---

[6] *Lucas 9, 20*
[7] *Mateus 16, 25*
[8] *Mateus 16, 26*

por essa porta. Jesus não diz que temos de acreditar que Ele é a encarnação ou a segunda pessoa da Trindade. Com essa pergunta Ele nos convida a estabelecer um relacionamento com Ele e descobrir quem Ele é por meio da nossa própria experiência. Como na maioria dos relacionamentos, isso leva tempo. Recentemente conversei com um casal já de 80 anos de idade e eles me disseram que ainda estão descobrindo coisas a respeito um do outro. Não podemos obrigar as pessoas a nos amarem, não podemos forçar um relacionamento com outra pessoa, isso é algo que Deus também não pode fazer. No entanto, se nos relacionamos com alguém que tenha autoconhecimento, isso nos ajudará imensamente a chegar ao nosso autoconhecimento. Esse é o papel do mestre.

Assim como qualquer relacionamento, o nosso com Jesus desenvolve-se através do tempo. O tempo confere aos relacionamentos uma dimensão que só ele pode dar. É possível ter uma relação intensa com alguém após um breve período de conhecimento, mas se você conhece alguém há cinco, dez ou vinte anos, haverá uma qualidade nesse relacionamento que só o tempo pode dar. A qualidade nos ajuda a compreender o significado da fé. Fé é a capacidade de nos comprometermos por longo tempo.

Podemos dizer que há três estágios em nosso relacionamento com Jesus. O primeiro é quando o conhecemos como mestre, e todas as pessoas religiosas, de qualquer religião, reconhecem que Jesus é um dos grandes mestres da humanidade. Quando perguntei ao Dalai Lama quem ele pensava que Jesus era, ele respondeu: *Um ser totalmente realizado, um Bodhisattva*. Não conheço ninguém que deixou a Igreja por ter rejeitado Jesus. Toda humanidade espiritual reconheceria Jesus como mestre. Ele ensina como alguém que tem a autoridade do autoconhecimento, mas ensina também como amigo, como amigo da humanidade. Ele disse aos seus discípulos: "Já não vos chamo servos, porque o servo não sabe o que seu senhor faz; mas vos chamo amigos, porque tudo o que ouvi de meu Pai vos dei a conhecer".[9] Alguém indagou do Dalai Lama qual pergunta ele gostaria de fazer a Jesus se tivesse oportunidade. Imediatamente ele respondeu: *Qual é a natureza do Pai?*

Jesus nos diz que compartilhou conosco tudo o que Ele aprendeu com o Pai. Não devemos esquecer o contexto em que isso foi dito: foi no momento em que estava lavando os pés de seus discípulos, um ato de humildade que eles tiveram muita dificuldade de aceitar.

No ensinamento de Jesus, no Sermão da Montanha, na vida que Ele levou, podemos reconhecê-lo como mestre. O ensinamento pode nos inspirar e enriquecer nossas vidas, e talvez isso seja tudo o que queiramos. Mas há um outro nível de relacionamento. Podemos nos conscientizar de que devido a esse relacionamento com Ele como mestre nossa vida é transformada. Experimentamos benefícios inesperados advindos desse relacionamento, e talvez experimentemos luz no final do túnel, esperança quando sentimos desespero, companheirismo quando nos sentimos sozinhos, talvez sintamos que algumas de nossas feridas internas estão sendo curadas, que uma nova fonte de paz e alegria está jorrando em nosso coração e que essa fonte não depende da satisfação dos nossos desejos. Tudo isso demanda tempo e reflexão antes de se tornar consciente. Se não dedicarmos algum tempo para refletir e não nos dermos um tempo para experimentar, é possível que todas essas coisas simplesmente passem ignoradas. É nesse estágio que começamos a

---

[9] *João* 15, 15

conhecer Jesus como Salvador ou aquele que cura. O Evangelho frequentemente mostra Jesus curando as pessoas, e provavelmente para os seus contemporâneos isso é o que Ele era, um curandeiro milagroso. Ele atraía multidões e poderia ter ganho muito dinheiro com isso, mas pedia aos seus discípulos que não falassem Dele como um grande curandeiro.

Nesse nível de nosso relacionamento com Jesus é possível haver uma resposta emocional muito forte. Vemos isso em muitas formas de cristianismo emocional, como o movimento carismático. Para muitos essa é uma experiência real e humana, mas não há razão para se exigir que todas as pessoas tenham esse tipo de experiência, nem razão para dizer que alguém está condenado se não experimentá-la. Isso obviamente não está no espírito de Jesus. Qualquer forma de intolerância ou condenação mostra que a experiência de Jesus vivida pela pessoa não é muito profunda. Não se pode amar Jesus e ao mesmo tempo condenar outras pessoas por não conhecê-lo.

Há ainda outro passo antes que a fé cristã floresça plenamente. É quando começamos a perceber o significado cósmico, universal, de Jesus, aquilo que se chama o Cristo Cósmico. Devemos ter muito cuidado ao usarmos essa linguagem. Quando os cristãos pela primeira vez tomaram consciência dessa dimensão da identidade de Jesus, o cristianismo era uma religião de escravos perseguidos pelo Império Romano. Essa compreensão de Jesus como Senhor, ou como Verbo feito carne, estava intimamente relacionada com a sua própria experiência do Cristo encarnado. Nossa percepção de Jesus surge quando o descobrimos na profundidade do nosso próprio ser. Sem a experiência da inabitação[10] de Jesus em nós, nossa conversa sobre o Cristo

---

[10] Ver nota 5 na pág. 37.

Cósmico torna-se apenas triunfalismo. É o que começou a ocorrer quando a Igreja substituiu o Império Romano.

Nossa experiência de inabitação do Cristo e do Cristo Cósmico está no contexto da Ressurreição. Só sabemos quem Jesus é plenamente, na Ressurreição. Os Evangelhos relatam muitos aparecimentos de Jesus após a Ressurreição. Em todos eles os discípulos num primeiro momento não o reconheceram; algumas vezes sim, mas não podiam acreditar no que viam. Numa ocasião um deles disse: *Eu não acreditarei*.

A experiência da Ressurreição é uma ordem de realidade bastante diferente para nós. É por isso que para os primeiros cristãos a Ressurreição significou uma nova forma de vida, virou suas vidas e seu mundo de cabeça para baixo. Vocês conhecem o episódio em que Jesus encontrou dois discípulos a caminho de Emaús; eles conversavam com Jesus, a respeito de Jesus, mas não o reconheceram. No fim da tarde pararam para fazer uma refeição e quando Jesus partiu o pão, os olhos dos dois discípulos se abriram e eles o reconheceram. Nesse exato momento Jesus desapareceu de suas vistas.

Quando Maria Madalena viu Jesus no jardim, no local onde fora enterrado, pensou que fosse o jardineiro. Somente quando Ele disse o nome dela e com isso levou-a ao autoconhecimento é que ela o reconheceu. Só podemos conhecer outra pessoa na proporção do nosso autoconhecimento. Só conheceremos Jesus plenamente quando nos conhecermos plenamente. Até então, o que teremos serão alguns vislumbres Dele, mas poderá ser o suficiente para nos manter interessados em aprofundar nosso autoconhecimento de modo a chegarmos a conhecê-lo plenamente.

Eis um outro relato de aparição de Jesus após a Ressurreição. Uma noite os discípulos tinham saído para pescar e não pescaram nada a noite inteira. De manhã viram Jesus em pé na praia, à beira do lago, e Ele lhes perguntou: "Jovens, acaso tendes algum peixe?" Responderam-lhe: "Não!" Jesus lhes disse: "Lançai a rede à direita do barco e achareis". Assim fizeram e pescaram enorme quantidade de peixes. João disse então a Pedro: "É o Senhor". Chegaram à praia onde Jesus esperava por eles e havia lhes preparado peixe e pão. Ele os convidou: "Vinde comer!" O Evangelho relata que nenhum dos discípulos ousou perguntar-lhe quem era Ele, porque sabiam que era Jesus.[11]

Se quisermos compreender nossa forma de conhecê-lo devemos refletir algum tempo sobre essa história. Devemos reconhecer que frequentemente o momento de decisão, o ponto de virada em nossa jornada espiritual, é aquele em que não pescamos nada a noite inteira. A meditação é às vezes, como a pescaria; há um momento de reconhecimento. Por que os discípulos tiveram medo de perguntar a Jesus quem Ele era?

Pensem a respeito. Talvez possamos compartilhar ou falar sobre isso na próxima oportunidade.

---

[11] *João* 21, 4-12

Quem ou o que é o Espírito Santo?

A terceira pergunta que devemos fazer para compreender o Significado da Fé é: *Quem* ou *O Que é o Espírito?*
São Paulo, na Carta aos Romanos, dá-nos uma pista, um ensinamento.

> Vós não estais na carne, mas no espírito, se é verdade que o Espírito de Deus habita em vós, pois quem não tem o Espírito de Cristo não pertence a ele. Se porém Cristo está em vós, o corpo está morto, pelo pecado, mas o Espírito é vida, pela justiça. E se o Espírito daquele que ressuscitou Jesus dentre os mortos habita em vós, aquele que ressuscitou Cristo Jesus dentre os mortos dará vida também a vossos corpos mortais, mediante o seu Espírito que habita em vós.[1]

Os primeiros pensadores cristãos diziam que o Espírito e o Filho são as duas mãos do Pai. O Deus – que é mistério supremo, além da nossa capacidade de conhecer –, alcança-nos e nos toca por intermédio do Espírito e do Filho. Quando pensamos em fé

---
[1] *Romanos* 8, 9-11

Quem ou o que é o Espírito Santo?

geralmente pensamos como aquilo em que cremos mas, como já disse, fé é algo diferente de crença. Fé é a nossa capacidade de experimentar o amor e a transcendência. Fé é a nossa capacidade de experimentar e conhecer Deus. Nossas crenças têm que ser construídas a partir da nossa experiência, mas também precisamos de ajuda para chegar a essa experiência, para nos abrirmos a ela. É aí que a tradição da Igreja e as crenças da comunidade tornam-se fatores muito importantes. Em outras palavras, precisamos ter um mestre da fé.

Temos uma capacidade natural para a fé, mas precisamos de um mestre para desenvolvê-la, assim como podemos ter um talento natural para música ou para línguas, mas precisamos de um mestre para aprimorá-lo. O Espírito é esse mestre, o Espírito que habita dentro de cada um de nós. Aprendemos línguas, ou música, ou a andar cometendo erros. Se não estivermos dispostos a cometer erros jamais aprenderemos qualquer coisa.

É por isso que a dúvida não é incompatível com a fé. As pessoas às vezes se sentem culpadas por terem dúvidas a respeito das crenças da Igreja, mas a dúvida, se for um questionamento sincero, é necessária para o aprofundamento da nossa fé, caso contrário seremos como crianças segurando as mãos dos pais e incapazes de andar sozinhas. Os budistas têm uma ideia interessante a esse respeito, que é a ideia da grande dúvida. Eles dizem que devemos resistir às pequenas dúvidas, às dúvidas insignificantes; por exemplo, *Será que devo me levantar da cama agora?* ou *O que será que vai acontecer durante a meditação hoje?* São dúvidas pequenas que devemos ignorar. Mas a grande dúvida é um escutar sincero as perguntas de Jesus, e o Espírito, como nosso mestre, abre espaço para essa grande dúvida.

Em grego, a palavra para Espírito é *Pneuma* e em hebraico, *Ruah*. Ambas são palavras femininas, o aspecto *Yin* da realidade.

A palavra latina para Espírito vem do verbo *spirare*, soprar, respirar. Jesus joga com a ambiguidade entre Espírito e sopro quando fala a Nicodemos no Evangelho de João e diz que o Espírito é como o vento; na verdade, Ele usa a mesma palavra, Espírito é o vento, sopra onde quer e não se pode dizer de onde veio nem para onde vai. São símbolos que nos ajudam a compreender o significado do Espírito. Outra imagem muito usada na Bíblia para o Espírito é o fogo. O Espírito desceu sobre as cabeças dos apóstolos na forma de línguas de fogo. Como sopro, respiração, o Espírito é parte de nós, é íntimo de nós. Normalmente não nos damos conta de que estamos respirando. O Espírito também tem essa qualidade de ser invisível; está aí, é a fonte da vida, mas nem notamos. A música também seria uma imagem boa para o Espírito. Ela é a forma mais abstrata de arte e ao mesmo tempo é a mais física. Só podemos experimentá-la porque vibra em nosso ouvido e este envia mensagens elétricas para o cérebro. A música sempre tem um impacto físico sobre nós.

Esses são alguns dos paradoxos do Espírito. Ele nos leva à transcendência. Isso significa que o Espírito nos conduz para além do ponto em que nos encontramos agora, e este ponto é definido pelas limitações da nossa experiência. Quais são essas limitações que experimentamos? As da comunicação, por exemplo, fazem-nos precisar de um tradutor, mas mesmo que eu falasse português fluentemente ainda estaria lutando para me comunicar. No Dia de Pentecostes essa limitação humana de comunicação foi transcendida e todos se entenderam perfeitamente.

Sejam quais forem as limitações que experimentemos, quando estamos abertos ao Espírito poderemos transcendê-las. Digamos que você se vê limitado pelo medo: ao se abrir para o Espírito você transcende o medo e torna-se corajoso. Sejam quais forem as outras limitações ou restrições que sinta, a experiência do Espírito as dissolverá. Crescemos à medida que empurramos ou afastamos nossos limites. Portanto, o Espírito é a força do crescimento. Ele também significa um processo de integração. Nada é deixado para trás quando entramos no Reino de Deus; entramos no Reino como pessoas inteiras, completas, ou não entramos. O Espírito é a força da integração, do crescimento e da transcendência. Experimentamos isso com mais frequência nos processos de cura, pois qualquer crescimento envolve alguma dor e sofrimento. O sofrimento da separação, por exemplo. Sempre que há separação há sofrimento, e no entanto temos de nos separar para crescer.

Isso nos leva a examinar o papel do ego em nosso desenvolvimento humano, bem como a relação entre o ego e o Espírito. Obviamente há uma diferença entre ego e Espírito. São Paulo chamou-a de *conflito entre a carne e o Espírito*, não o corpo, mas a carne. São Paulo não tinha nenhum problema com o corpo como uma realidade espiritual; quando ele fala da carne refere-se às forças não espirituais, às forças do ego.

Ainda no início de nossa vida o ego começa a se desenvolver. Se você der algum objeto a uma criança pequena, ela o pegará em suas mãos e quando você o quiser de volta ela o entregará. Mas quando essa mesma criança for um pouco mais velha, já não quererá devolver o que você lhe deu. É um sinal positivo, a criança está começando a desenvolver um sentido de posse: *isso não é seu, é meu*. Ao mesmo tempo ela começa a se separar da dependência total dos pais. Esse processo de separação faz parte do nosso amadurecimento psicológico. Todavia, tanto as crianças quanto os pais sabem que é um processo doloroso, haverá feridas no processo.

O senso, a percepção de nossa identidade separada, independente, é necessário para o crescimento. Se não tivéssemos um ego seria impossível dirigir um carro, por exemplo; se víssemos alguém pegar nossa mala no aeroporto não saberíamos dizer *essa mala é minha*; se não tivéssemos um ego não saberíamos reclamar de uma conta exorbitante num restaurante.

O ego é um mecanismo necessário para viver e para crescer, mas é um meio e não um fim. A meta da vida não é a separação e sim a união, porém o ego não se dá conta disso e, consequentemente, prossegue no seu papel de separação ao extremo. É nesse ponto que o ego se torna um perigo e uma fonte de grande sofrimento para nós. É por isso também que experimentamos um conflito entre o Espírito e o ego: o Espírito nos movendo em direção à união e o ego nos mantendo numa identidade separada.

O Espírito é um mestre e também alguém ou algo que cura. Jesus nos disse que nos enviaria seu Espírito para nos ensinar tudo aquilo que tivéssemos esquecido. O Espírito nos relembraria o que Jesus nos ensinara. Embora frequentemente o ego nos desvie do caminho, o Espírito nos chama de volta. O Espírito é um amigo fiel; por pior que o tratemos ele estará sempre conosco. O Espírito nos ensina a fazer a relação entre o particular e o universal, algo que o ego tem muita dificuldade em fazer.

Pensemos por um momento na necessidade de uma criança ou de um adulto de receber amor. Quando nasce um segundo filho na família, o primeiro geralmente fica com muito ciúme porque se acostumou a ser amado com exclusividade e agora descobre que há um outro objeto de amor na família. O ego exige um amor exclusivo e total, o que não é realista, as coisas não são assim. A nossa experiência de amor muitas vezes se complica devido à possessividade e ao ciúme e já conhecemos muito bem todos os problemas que isso traz.

O Espírito porém está sempre atuando nas situações. Quando estamos abertos para a experiência do Espírito, podemos sentir um amor que é total, mas não exclusivo; em lugar de ser exclusivo, é um amor único, singular. O que queremos, realmente, é ser amados desse jeito e, ao mesmo tempo, de um modo universal. Essa é a experiência de amor que temos no Espírito. Quando estamos abertos a essa experiência, ela altera todas as nossas formas de amar.

O Espírito não pode ser encerrado dentro de uma caixa, não pode ser limitado a nenhuma forma, não tem princípio nem fim. Isso significa também que o Espírito não se restringe a nenhuma instituição. O Espírito é totalmente livre, atua em todas as áreas da vida e em todas as religiões. É muito importante que os cristãos compreendam que o Espírito Santo atua em outras religiões também. É o ego cristão que exige que o Espírito atue exclusivamente na Igreja. Talvez a melhor maneira de compreendermos isso seja a imagem de uma brincadeira ou jogo. No Livro da Sabedoria está escrito que o Espírito brinca diante do trono de Deus, enquanto nas escrituras hindus o Espírito é *Lila*, é o aspecto lúdico de Deus.

Não devemos separar o Espírito de outras formas de brincadeiras ou jogos, como o futebol, sexo, arte ou poesia. São formas de os seres humanos experimentarem alegria, transcendência e recriação. Em sociedades verdadeiramente religiosas todas essas atividades têm um significado espiritual, são praticadas para liberar energia espiritual. Também nas sociedades verdadeiramente religiosas os rituais têm essa qualidade de jogos sagrados. Cada uma dessas atividades tem determinada forma, determinadas regras, determinada disciplina. O exercício dessa disciplina é experimentado como algo prazeroso. Se as regras do futebol não forem cumpridas, simplesmente não haverá jogo. Esse é o significado da disciplina espiritual, não é algo imposto mas algo que se aceita livremente e com alegria.

A todas essas atividades podemos acrescentar a meditação. É uma disciplina espiritual que aceitamos livremente e com alegria. Assim, outra forma de entendermos o Espírito é simplesmente como alegria, gozo da liberdade; o Espírito Santo é o gozo de Deus. Apenas os seres humanos, em todo o reino animal, podem experimentar tal alegria em sua plenitude. Os seres humanos são os únicos animais capazes de amar.

Como experimentamos o Espírito? Vou sugerir três formas de nos abrirmos ao Espírito.

A primeira é quando algo se rompe, quando uma forma de vida à qual nos apegamos repentinamente se quebra. Pode ser um momento de transição em nossa vida, quando passamos de uma etapa para outra, pode ser o final de um relacionamento, ou o momento em que quebramos um hábito do passado. Sempre que uma forma antiga se rompe existe potencial para o Espírito. Em outras palavras, a morte é uma forma de se liberar o Espírito.

Outra maneira de experimentarmos o Espírito é entrar na experiência da solidão. Quando falo em solidão, não quero dizer que devemos nos isolar dos outros e viver num eremitério. A solidão é a descoberta e a aceitação da nossa singularidade. O ego gosta de pensar que é diferente de todos e por isso defende sua independência e separação. Ele bloqueia a união com as outras pessoas. É controlado pelo medo e pela competitividade. Meu ego é o mesmo que o seu, o comportamento egoísta é igual em qualquer lugar, tem o mesmo cheiro e o mesmo efeito. Mas, quando agimos a partir do nosso eu verdadeiro, somos únicos e não podemos ser reproduzidos.

Uma sociedade de consumo como a nossa se baseia no ego, toda publicidade é dirigida para o ego e por isso o despertar da consciência espiritual tem um efeito social tão poderoso.

Nossos períodos de meditação a cada dia são períodos de solidão. É muito fácil fugirmos desses períodos de meditação com a desculpa de que temos outras coisas a fazer; sempre haverá um objetivo egoísta que queremos alcançar. Os períodos de meditação nos levam à experiência da nossa singularidade divina, da nossa natureza única. Por isso podemos dizer que a solidão é a base para um relacionamento verdadeiro, pois se nossos relacionamentos estiverem apenas no nível do ego, estarão cheios de fantasias e irrealidade.

A terceira experiência que libera o Espírito é a experiência do nascimento; novos começos sempre nos abrem para o Espírito. Tudo o que reprime a alegria, reprime o Espírito. Qualquer forma de opressão, quer política quer emocional, qualquer forma de dominação que use a força da exploração sobre as pessoas não é espiritual e entristece o Espírito.

Desde a Ascensão de Jesus vivemos na era do Espírito. Há hoje uma grande fome de espiritualidade e também desconfiança em relação às instituições religiosas, porque frequentemente personificam um ego coletivo e parecem bloquear o Espírito. As instituições religiosas se prendem às suas formas, e porque são excludentes negam sua própria singularidade. Essa é a tendência pecaminosa da Igreja e é por essa razão que o Papa confessou os pecados da Igreja no início do novo milênio. O grande perigo da Igreja é fingir que não é pecadora. O Espírito é a fonte e o ponto culminante da vida da Igreja. Assim como o Espírito não nos abandona como discípulos pessoais de Jesus, também não abandona a Igreja. Jesus disse: "E eis que estou convosco todos os dias, até a consumação dos séculos".[2]

---

[2] *Mateus* 28, 20

Falei da meditação como um caminho de fé, um caminho espiritual, um caminho de solidão. A meditação nos leva para a Igreja ou nos traz de volta para a Igreja – a Igreja não simplesmente como uma instituição mas como uma comunidade de amor. Jesus não fundou uma instituição religiosa, Ele inaugurou uma comunidade de amor que continua a crescer apesar de todas as suas falhas. A meditação cria comunidade ou nos desperta para a comunidade, porque nos abre para a experiência do Espírito além das formas, das palavras, das ideias, das imagens, além do nosso ego. Cada vez que meditamos é um novo nascimento, um novo começo. Assim, a meditação é a forma mais simples e direta de entrarmos no Espírito. O Espírito é a comunhão da Trindade. Quando experimentamos comunhão, então nasce a comunidade.

Falei anteriormente dos frutos do Espírito em nossa vida: amor, alegria, paz, longanimidade, benignidade, bondade, fidelidade, mansidão, autodomínio.[3] São sinais da experiência do Espírito se expandindo em nós. Podemos também, no Espírito, ver os sinais dos tempos à nossa volta, os movimentos do nosso tempo pelos quais o Espírito nos ensina. Para a Igreja, os dois grandes movimentos do Espírito hoje são o diálogo com outras religiões e a recuperação da sua própria tradição contemplativa.

Estamos apenas começando a descobrir o que realmente significa diálogo. Diálogo não é apenas uma troca de ideias; significa ouvir com profundidade as razões da outra pessoa e até mesmo entrar no seu ponto de vista, ver a partir de sua ótica. Por isso, para haver diálogo é necessário estarmos profundamente enraizados em nossa própria tradição contemplativa. Penso que

---

[3] *Gálatas* 5, 22-23

na Igreja hoje o diálogo e a contemplação são como dois grandes faróis: no ponto em que seus fachos de luz se encontram, experimentamos o Significado da Fé.

Talvez parte do que eu disse pareça um pouco abstrata. Vou então terminar compartilhando com vocês duas experiências do Espírito.

A primeira diz respeito a uma mulher chamada Carmen que frequentava nosso Centro de Meditação em Londres. Era uma mulher muito solitária e infeliz; devia ter mais ou menos 40 anos e nunca havia experimentado nenhuma grande alegria na vida; não era portanto uma companhia muito agradável. Quando veio ao nosso Centro estava com câncer e sentia muita raiva da Igreja por ter feito dela uma pessoa tão reprimida, sentia raiva de Deus por ter-lhe dado aquele câncer e, ainda assim, ela exigia que Deus a curasse instantaneamente. Enfim, era uma pessoa bastante amarga e difícil. A comunidade do Centro de Meditação foi muito compreensiva e bondosa com ela. Quando ficou muito mal a comunidade conseguiu-lhe um leito num abrigo para doentes.

Certo domingo fui visitá-la para levar-lhe a comunhão. Ao entrar no quarto disse a ela: *Eu lhe trouxe a comunhão.* Ela olhou para mim com certa raiva e disse: *Bem, isso não vai me ajudar em nada, vai?* Então eu simplesmente guardei a comunhão no bolso e sentei-me para conversar com ela por alguns minutos. Ela repetiu mais uma vez suas queixas, suas amarguras. Depois de algum tempo eu disse: *Agora preciso ir embora,* ao que ela me perguntou: *Não gostaria de ouvir algumas das minhas poesias?* Francamente eu não tinha nenhuma vontade de ouvir poesias, mas como era domingo e eu tinha o Sacramento no meu bolso, respondi: *Sim!*

Ela me entregou alguns pedaços de papel meio amarfanhados, sujos, com suas poesias. Como eu não conseguia decifrar sua letra, pedi-lhe que lesse para mim. Ela começou a ler e eu não conseguia acreditar que as poesias tinham sido escritas por ela. Era uma linda obra de arte. Um dos poemas chamava-se *O Canto das Baleias* e falava de como as baleias cantam umas para as outras na profundidade do oceano. Esse poema expressava a sua profunda solidão, mas sem autopiedade. Lá no mais profundo do seu ser, ela havia transformado o sofrimento em beleza, e ao ouvi-la fiquei muito emocionado.

Ela levantou os olhos para ver qual era a minha reação e percebeu que eu estava prestando atenção e tinha me emocionado. Ao sentir que havia verdadeiramente se comunicado, transformou-se fisicamente e por um instante tornou-se incrivelmente bonita; era possível ver o seu espírito, o seu Eu se irradiando. Não durou muito, mas foi uma prova e uma experiência de comunhão. Podemos dizer que como Cristo não fora capaz de chegar a ela pelo Sacramento, Ele chegou a ela por meio do Espírito, nesse ato de comunicação entre nós. Quando dois seres humanos se comunicam verdadeiramente, o Espírito Santo está presente.

A outra experiência aconteceu em Calcutá. Eu estava visitando o Lar de Madre Teresa para doentes terminais e ao sair percebi o que me pareceu ser o corpo de alguém que estava morrendo no chão. Uma das freiras me disse que se tratava de um jovem que fora trazido durante a noite, muito magro, quase morrendo. A freira me disse: *Ele provavelmente já morreu; você poderia dar-lhe uma bênção?* Fui até ele, ajoelhei-me e coloquei minhas mãos nos seus ombros. Para minha surpresa, ele se voltou em minha direção e o que mais me surpreendeu foi a expressão nos seus olhos. Ele estava absolutamente esquelético, a ponto de morrer, mas seus olhos estavam bem abertos, cheios de vida e de compaixão. Ele não olhou só para mim, mas para dentro de mim, e não tive a menor dúvida de que era ele quem estava me abençoando. O que quer que ele estivesse vendo naquele momento, estava também vendo a mim, era uma visão de amor.

O que aprendi com essas experiências é que o Espírito sempre nos surpreende. Quando você pensa que está levando algo para alguém, na realidade é esse alguém que está trazendo algo para você.

É o que eu queria dizer sobre o Espírito.

Compaixão

Vamos começar com estas palavras de Jesus, do Evangelho de Mateus, que descrevem a sua experiência do Pai, e portanto é a compreensão cristã essencial de Deus.

> Ouvistes que foi dito: Amarás o teu próximo e odiarás o teu inimigo. Eu, porém, vos digo: amai os vossos inimigos e orai pelos que vos perseguem; desse modo vos tornareis filhos do vosso Pai que está nos céus, porque Ele faz nascer o seu sol igualmente sobre maus e bons e cair a chuva sobre justos e injustos. Com efeito, se amais aos que vos amam, que recompensa tendes? Não fazem também os publicanos a mesma coisa? E se saudais apenas os vossos irmãos, que fazeis de mais? Não fazem também os gentios a mesma coisa? Portanto, deveis ser perfeitos como o vosso Pai celeste é perfeito.[1]

Vocês ouviram alguma coisa nessa passagem que os faz pensar que Deus nos pune ou mesmo que Deus nos julga? O que ouvimos é Jesus nos dizer para sermos como Deus. São

---
[1] *Mateus 5, 43-48*

Compaixão

Gregório de Nissa disse que o cristianismo é a imitação da natureza divina. O que apreendemos dessas palavras de Jesus é que a natureza divina é puro amor, pura compaixão. Todo castigo do pecado está em nós, todo juízo e condenação estão em nós e não em Deus, absolutamente. Santo Agostinho disse que o pecado contém seu próprio castigo. O pecado é nossa experiência de separação de Deus, o que é ilusório porque nunca poderemos estar separados de Deus. No entanto é um sentimento que experimentamos, esse de estarmos separados de Deus, e por isso o pecado é o seu próprio castigo. Como se não bastasse, ainda acrescentamos punição a esse sentimento porque nos julgamos e nos condenamos também, e naturalmente, julgamos e condenamos outras pessoas.

O ponto de partida para qualquer compreensão cristã da compaixão é a compreensão da natureza de Deus. Vamos colocar isso num plano menos abstrato. Ontem eu falava a respeito dos Padres do Deserto e de como a sua espiritualidade fala tão diretamente às nossas necessidades atuais. Uma das crenças mais importantes dos Padres do Deserto era não julgar. Julgar os outros é o começo da autoperdição. Esse é um ponto muito im-portante, porque as pessoas religiosas estão sempre julgando outras pessoas.

Há uma história dos Padres do Deserto que é divertida e ao mesmo tempo muito ilustrativa. Corria um boato entre os monges de que um deles tinha uma mulher com quem vivia em sua cela. Os monges reuniram-se com o abade e decidiram entrar na cela para apanhá-lo em flagrante, mas fizeram tanto barulho enquanto se dirigiam para a cela que o tal monge ouviu que os outros irmãos estavam vindo. Ele escondeu a mulher num grande barril de água e quando os irmãos e o abade entraram, começaram a vasculhar a cela à procura da mulher. O abade, que era um homem muito compassivo, e portanto tinha uma grande percepção interior, sabia que a mulher estava escondida naquele barril de água e sentou-se sobre o barril esperando até que os outros monges terminassem de vasculhar tudo na cela. Quando todos saíram o abade levantou-se do barril, deixou a mulher sair, e apenas disse ao monge: *Tome cuidado!*

No ano passado nesta época eu estava fazendo uma caminhada no Himalaia. Tomamos uma trilha montanha acima, até 6000 metros. Quando iniciamos o trajeto fomos apresentados ao nosso guia; era um pequeno homem indiano da região do Ladakh, de mais ou menos 60 anos de idade; pensei que teríamos que carregá-lo de volta nos ombros. Mas depois de cerca de três horas caminhando montanha acima eu me conscientizei de que provavelmente ele é que nos carregaria de volta. À medida que os dias passavam eu percebia que grande guia ele era. Adaptava seu ritmo de caminhada ao nosso, observava-nos com muito cuidado para ver como estávamos nos saindo, percebia quando devíamos parar e descansar, mas nunca nos deixava descansar durante muito tempo; era gentil mas nos mantinha caminhando. Ele me ensinou verdadeiramente como caminhar, pois quando chegamos a um trecho íngreme da trilha minha primeira reação foi tentar subir correndo o mais rápido possível, e depois de dar 4 ou 5 passos eu caí. Percebi então que o que tinha de fazer era dar passos pequenos, e se a trilha fosse muito inclinada, deveria dar passos cada vez menores; só dessa forma poderia caminhar o tempo todo.

Depois de algumas noites chegamos a um local completamente deserto. De repente dei-me conta de que nossas vidas estavam totalmente entregues às mãos daquele homem. Se ele tivesse decidido nos abandonar naquela noite, eu não estaria aqui hoje. Num certo sentido ele tinha grande poder sobre nós, estávamos à sua mercê, e no entanto não usou esse poder para nos dominar ou controlar; usou o seu poder para nos servir e foi um guia muito, muito bom. Realizou muito bem o seu trabalho.

Esse guia tornou-se para mim um grande símbolo de muitas coisas, um símbolo de Cristo como nosso guia, alguém que conhece a terra muito bem, que nos ajuda a empreender a jornada mas não faz a viagem por nós, temos que fazê-la por nós mesmos. Alguém que tem o poder da vida e da morte, mas usa esse poder para servir, portanto um grande símbolo de compaixão.

Frequentemente confundimos compaixão com pena, dó. Temos pena de pessoas a quem nos julgamos superiores ou que julgamos ter menos sorte que nós. Quando sentimos pena há sempre uma grande distância entre nós e a outra pessoa. Podemos tentar transpor essa distância, estendemos a mão, damos-lhe uma moeda ou um presentinho, mas a distância humana permanece muito grande. Compaixão é muito diferente disso. Compaixão não é condescendência por parte do poderoso em relação ao fraco, mas é a manifestação do poder na fraqueza. É a força de Deus manifestada na fraqueza.

Isso explica a observação de São Paulo. Na Segunda Carta aos Coríntios ele conta que rezava a Deus para que tirasse dele um problema que estava vivendo, um problema que ele chamou de *um aguilhão na carne*[2]. Pode ter sido um problema físico, psicológico ou de personalidade; de qualquer forma o problema permanecia com ele, e ele o aceitou. A autoaceitação é o grande desafio na jornada espiritual. Em geral temos uma imagem ideal de nós mesmos e sentimos que não correspondemos a essa imagem.

---
[2] 2 *Coríntios* 7-8

A palavra *pecado* em grego é *hamartia* e significa literalmente, *errar o alvo*. É como atirar uma flecha em direção ao alvo e errar. Isso é o pecado. O que fazemos quando erramos o alvo? Pegamos a flecha e a cravamos em nós mesmos? Castigamo-nos cada vez mais porque erramos o alvo? Nesse caso, se passaria muito tempo até que pudéssemos usar o arco novamente. O que se deve fazer é voltar e tentar de novo, e continuar tentando até acertar o alvo; quando você acerta sente-se muito bem e se pergunta: *Como fui capaz de fazer isso?* Porém você não continua automaticamente acertando todas as vezes. É preciso continuar tentando, mas o sucesso é resultado da graça. São Paulo continuava com seu problema, qualquer que fosse, no entanto dizia: "... pois é na fraqueza que a força manifesta todo o seu poder... Por isto, me comprazo nas fraquezas... Pois quando sou fraco, então é que sou forte".[3]

O perfeccionismo é um grande perigo na jornada espiritual. Quando ouvimos as palavras de Jesus temos que ser cuidadosos na sua tradução: "Deveis ser perfeitos como o vosso Pai celeste é perfeito".[4] Ele não usa a palavra *perfeição* no sentido que nós a usamos. A perfeição de que Ele fala pode ser também traduzida por *santidade*. Ele está especificamente se referindo à *compaixão*. "Sede compassivos como vosso Pai do Céu é compassivo." E não é difícil ser compassivo se aceitarmos nossas próprias fraquezas. Quando nos relacionamos com os outros a partir da nossa corriqueira fraqueza humana, podemos nos relacionar em compaixão. Quando nos relacionamos com os

---

[3] 2 *Coríntios*, 9-10
[4] *Mateus* 5, 48

outros a partir da nossa força ou da imagem ideal que temos de nós mesmos, sentimos pena deles. Deus não tem pena de nós, Ele nos ama.

Entramos na experiência da compaixão transcendendo o ego, a visão egocentrada da realidade. Sempre que vemos a realidade a partir de um ponto de vista diferente do ponto de vista do ego, ela nos surpreende, é imprevisível e será sempre nova. A cruz é um símbolo da transcendência do ego. Do ponto de vista da cruz Jesus viu a humanidade com compaixão. Em outras palavras, Ele nos viu a partir da profundidade da sua própria fraqueza humana; ninguém pode ser mais fraco do que quando está pregado na cruz. Como Ele nos viu a partir dessa posição? Surpreendentemente, com compaixão. "Pai, perdoa-lhes: não sabem o que fazem."[5] Jesus aceitou sua fraqueza humana e essa autoaceitação liberou a força da compaixão divina.

É por isso que os cristãos frequentemente olham para a cruz mas não a veem realmente. Olhamos para a cruz e pensamos: este é o julgamento de Deus a respeito do mundo, tudo por causa de Adão e Eva e da árvore do conhecimento; Deus ficou tão furioso que da árvore criou todo o sofrimento humano; só com a terrível agonia de seu Filho na cruz Deus se acalmou. E repetimos: somos salvos pelo sofrimento de Cristo. Porém, não somos salvos pelo sofrimento de Cristo, e sim por Seu amor. O amor se expressa de diversas formas, inclusive na do terrível sofrimento na cruz.

Santo Tomás de Aquino pergunta se era mesmo necessário que Jesus morresse na cruz para nos salvar, e ele mesmo responde que não, que isso se tornou necessário devido à reação huma-

---

[5] *Lucas* 23, 34

na a Jesus. É verdade que o sofrimento de Cristo nos comunica algo muito profundo e misterioso, mas não é o julgamento e o castigo de Deus, é a compaixão e a ternura de Deus. A força de Deus se revela na fraqueza humana. É o nosso ego com todos os seus medos, desejos e ilusões que pensa ser impossível entender ou aceitar esse fato.

Podemos ver uma conexão muito importante entre sofrimento e compaixão, mas a compaixão não é a atitude do forte em relação ao fraco, é sim a expressão do ser humano compartilhando a humanidade comum. Compaixão é a experiência da unidade entre fortes e fracos, uma experiência muito difícil de penetrar. Como nos relacionamos com os pobres? Há um grande abismo entre nós e os pobres. Podemos vê-los quando estamos parados nos semáforos em São Paulo, talvez moremos perto deles, mas há uma distância enorme entre a nossa vida e a deles. É muito difícil para nós experimentar um verdadeiro sentimento de irmandade comum com eles. Sentimos medo, eles podem se tornar violentos, e ainda nos lembram de que podemos um dia estar nas ruas como eles.

O mesmo ocorre quando vamos visitar alguém que está morrendo. Intelectualmente sabemos que um dia estaremos na mesma situação, mas emocionalmente resistimos e rejeitamos a ideia. Afinal estamos vivos, planejando as próximas férias, vamos sair para jantar num restaurante depois da visita ao hospital, e a pessoa está morrendo. A distância entre nós é enorme. No entanto, qual é a diferença entre nós e os pobres, entre nós e a pessoa que está morrendo? São apenas diferenças acidentais, podemos ficar pobres amanhã ou podemos estar mortos amanhã. Na verdade não há uma distância tão grande entre nós. Compreender que podemos ficar pobres ou morrer amanhã é aceitar nossa fraqueza humana. Não significa que devemos parar de viver ou ficar desesperados e deprimidos. São Bento diz que devemos ter a morte constantemente diante de nossos olhos. Os budistas têm uma meditação semelhante sobre a morte, a prática da consciência da morte.

Quando se está deprimido, a melhor forma de se alegrar é lembrar-se da sua mortalidade; isso coloca as coisas no seu devido lugar. Tenho um amigo que foi ao dentista certo dia e o dentista notou alguma coisa em sua boca e lhe disse: *Sinto dizer, isto pode ser um câncer, vou tirar uma amostra para exame.* Meu amigo esperou uma semana inteira pelo resultado do exame e disse-me que foi uma semana maravilhosa, em que todos os seus problemas financeiros desapareceram, estava incrivelmente paciente com a família e com os amigos, e deu-se tempo para usufruir das refeições e das belezas da natureza. Finalmente o dentista lhe disse: *Não há problema algum, foi engano meu.* Imediatamente todas as preocupações e ansiedades do meu amigo voltaram. A consciência da nossa mortalidade é uma condição necessária para a nossa experiência de compaixão pelos outros e é também uma condição para a alegria.

Compaixão é uma experiência de unidade com o outro. Unidade não é confusão de identidades, mas a percepção da unidade do ser. Onde há o Espírito, aí há unidade, e onde há pena, ainda permanecemos separados da outra pessoa, estamos no reino da dualidade. Quando há dualidade, um sentimento pode facilmente se transformar em seu oposto, o amor pode se transformar em ódio, como ocorre em muitos relacionamentos, a alegria em tristeza, a esperança em desespero, e a pena pode se converter em desprezo. Como disse, unidade não é confusão de identidades. Onde há confusão de identidades nosso serviço aos outros pode facilmente se transformar em dominação dos outros. É por isso que compaixão e sabedoria estão sempre relacionadas, ambas são aspectos do Espírito Santo. Compaixão significa que experimentamos unidade com a outra pessoa mas também o necessário desapego. Sem ele não podemos amar o outro. Carl Jung disse que todo relacionamento deve ter uma distância ideal. Não sei se *distância* é a melhor palavra, mas *desapego* certamente é.

O perigo de sentir pena é que não enxergamos o indivíduo, mas quando sentimos compaixão reconhecemos o indivíduo como a pessoa única que ele realmente é. Isso significa que não podemos sentimentalizar o sofrimento dos outros. Um médico compassivo pode estar todos os dias em contato com centenas de pacientes que sofrem do mesmo mal e ainda assim enxergará cada um deles como uma pessoa única. A essência da compaixão está na forma como vemos a outra pessoa, e a forma como a vemos afeta-a profundamente. Quando passamos por um mendigo na rua e o vemos como um dos milhares de mendigos nas ruas de São Paulo, acrescentamos algo ao seu sofrimento, porque estamos nos recusando a vê-lo como um ser humano único. Todos nós sabemos da raiva que sentimos quando somos tratados de maneira impessoal por um burocrata. Ele nos trata simplesmente como mais uma pessoa, um outro cliente que veio ao seu local de trabalho, e com essa atitude de se recusar a reconhecer nossa singularidade, tratando-nos como número de estatística, ele nos desumaniza, e quando somos desumanizados sofremos e muitas vezes nos enfurecemos.

Muitas pesquisas médicas têm sido feitas recentemente sobre esse assunto. Está provado que o relacionamento entre médico e paciente é parte muito importante do processo de cura. A arte da medicina consiste não apenas em prescrever a medicação certa, mas em reconhecer e ser sensível à dignidade humana do indivíduo. Quando sofremos, seja por uma dor de dente, uma dor de cabeça ou um câncer terminal, parte do sofrimento é devido ao fato de nos identificarmos totalmente com a dor. Parece que todos os outros aspectos da nossa humanidade se perderam e somos apenas a dor. Se uma pessoa compassiva estiver em contato conosco nesse momento e nos enxergar como um ser humano único, a forma como essa pessoa nos enxergar mudará o modo como nós mesmos nos vemos. Ela nos ajudará a ver que somos diferentes do nosso sofrimento e isso liberará uma energia de cura que é, na verdade, a energia da fé.

"Minha filha, tua fé te salvou; vai em paz", disse Jesus.[6] Esse é um dos muitos exemplos que encontramos no Evangelho, numa passagem de Lucas. Jesus andava entre a multidão quando uma hemorroíssa que sofria há doze anos tocou a extremidade de sua veste. Na verdade, a mulher nem deveria estar no meio daquela multidão porque era considerada impura, e por isso tentava ser muito discreta. A única coisa que ela queria era tocar Jesus ou sua veste. Ela O toca, Jesus sente uma força sair Dele e pergunta: "Quem me tocou?" Pedro disse: "Mestre, a multidão te comprime e te esmaga". Jesus insistiu: "Alguém me tocou; eu senti que uma força saía de mim".[7] Não podendo se ocultar, a mulher declarou diante de todos que ela o tocara. Jesus então lhe disse: "Minha filha, tua fé te salvou; vai em paz".

O relato diz que a mulher estava com medo e tremendo. Parece quase cruel Jesus tê-la forçado a se apresentar no meio de todo o povo; no entanto, é a compaixão de Jesus se manifestando e se relacionando com ela como um indivíduo. Apenas pelo tocar da veste a mulher ficou imediatamente curada. Há dois aspectos na cura: um deles é a cura da condição física e o outro é

---

[6] *Lucas* 8, 48
[7] *Lucas* 8, 45-46

a integração da pessoa. Chamando a mulher dentre a multidão, Jesus pôde reintegrá-la na sociedade. Compaixão é a forma como prestamos atenção ao outro no seu sofrimento, com uma forte consciência da sua individualidade e singularidade. De que forma a meditação pode despertar a compaixão? Sabemos pelas palavras de Jesus que compaixão é a natureza essencial de Deus, portanto é uma parte essencial de nosso próprio ser, já que somos criados à imagem e semelhança de Deus.

Um amigo acabou de ter o segundo filho; o primeiro tem 3 anos de idade e esperava ansiosamente o nascimento da irmãzinha. Naturalmente, quando o bebê nasceu causou uma revolução na vida do mais velho; ele já não era mais o centro único e exclusivo da atenção da mãe; essa criança de 3 anos começou a lutar com o demônio do ciúme, mas ao mesmo tempo amava a irmãzinha. O pai e a mãe agiram com sabedoria e se esforçaram para fazê-la sentir que continuava a ser muito amada. Esse é um drama humano que tem se repetido através dos tempos. Nosso ego exige ser amado totalmente e com exclusividade: só acredito que você me ama se você não amar mais ninguém. Isso é fraqueza humana e leva a um grande sofrimento porque não é essa a natureza do amor. A natureza do amor é poder se expandir, crescer e abranger toda a humanidade. Se quisermos imitar a natureza divina, isto é, tornarmo-nos totalmente humanos, devemos aprender a ver as coisas de um ponto de vista diferente. Precisamos transcender a maneira velha de ver o mundo a partir do nosso ego infantil de 3 anos de idade e então poderemos descobrir a verdadeira natureza da compaixão, a verdadeira natureza do amor universal. Descobriremos que somos amados de maneira única, mas ao mesmo tempo igual a outras pessoas. São Paulo diz que Deus não tem favoritos, Ele não prefere os cristãos aos budistas, Deus não ama uma pessoa ou um grupo mais que outro. Quando experimentamos esse amor único, e ao mesmo tempo igual, experimentamos Deus.

Para chegarmos a essa experiência precisamos aprender a expandir nossa capacidade de atenção. A primeira coisa, e a mais importante, é considerar que a pessoa que sofre necessita da nossa atenção. Não importa quantas boas obras façamos, se não dermos atenção não estaremos amando. Certa vez um amigo me convidou para visitar o hospital onde trabalhava; ele é um homem muito generoso que trabalha muitas horas por dia. Quando nos aproximávamos de cada leito ele me apresentava ao paciente e perguntava: *Como está se sentindo hoje?* Em geral o paciente estava acabando de acordar, talvez ainda se recuperando de algum medicamento que tomara, e demorava um pouco para responder à pergunta. Depois de trinta segundos meu amigo dizia: *OK, muito obrigado!* E ia para o próximo paciente.

Prestar atenção requer um compromisso. Esse é o elo entre meditação e compaixão. Meditação é o trabalho de prestar atenção; não é um trabalho fácil, pois estamos sempre distraídos, sempre pensando em nós mesmos, porém é o trabalho mais compassivo que podemos fazer conosco. Se queremos desenvolver compaixão pelo outro, precisamos começar a ter compaixão por nós mesmos. É mais fácil prestar atenção a alguma coisa se outras pessoas também estiverem prestando atenção.

Jesus viveu num estado de pura atenção. Aprendeu a prestar atenção a si mesmo no nível mais profundo e chegou ao autoconhecimento. Isso o levou ao conhecimento do seu Pai e então a um estado de união, de completa atenção ao seu Pai. A atenção que Jesus e o Pai dão um ao outro é o Espírito Santo.

Significa então que Ele nos esqueceu? Não, essa não é

a natureza de Deus. Quando Jesus se tornou completamente atento ao seu Pai – é o que significa *estar sentado à direita do Pai* – Ele foi capaz de prestar atenção a cada um de nós ao mesmo tempo, de forma única e igual. Essa é a dádiva do Espírito Santo que Ele deu a cada um de nós. Uma vez que possuímos a atenção de Cristo dentro de nós, porque Ele presta atenção a nós e nos ama, e é constante, nunca distraído, torna-se mais fácil para nós prestar atenção. É a grande mensagem dos capítulos finais do Evangelho de São João: Jesus no Pai, o Pai em Jesus e ambos em nós.

A prática da meditação abre nossos corações para a compaixão. Em primeiro lugar, compaixão por nós mesmos à proporção que aprendemos a não nos distrair em relação a nós mesmos e a estar em paz conosco. Como resultado começamos a ser capazes de prestar atenção aos outros, ter compaixão pelos outros e, como disse no início, sempre vamos nos surpreender. Se você tem pena de alguém chegará um momento em que vai se aborrecer, mas se você tem compaixão, esse sentimento será constantemente renovado.

Certa vez visitei o hospital para doentes terminais de Madre Teresa em Calcutá. As irmãs me mostraram tudo, vi muitos pacientes e notei que havia um corpo, uma pessoa deitada no chão perto da porta. Perguntei: *Quem é ele, de onde vem?* Uma das irmãs respondeu: *É um jovem que foi trazido da rua ontem à noite, quase morrendo. Talvez já esteja morto.* Ela então me pediu: *Você poderia dar-lhe uma bênção?* Eu me aproximei, ajoelhei-me e toquei o ombro da pessoa. Era um jovem, mas estava tão magro que era difícil saber sua idade, talvez uns 18 anos, e estava tão quieto que pensei que estivesse morto. No momento em que o toquei ele me surpreendeu virando-se energicamente na minha direção, mas o que me espantou mais ainda foi o seu olhar. Seus olhos estavam bem abertos e havia intensa luz e vida neles. Parecia que tinha visto a coisa mais excitante e prazerosa da sua vida. Ele não olhava simplesmente para mim, mas para dentro de mim. O que quer que estivesse vendo, estava vendo também a mim. Seu olhar era de puro amor, pura compaixão. Fiquei muito surpreso e me senti abençoado; não fui eu que lhe dei a bênção, foi ele que me abençoou; eu não me aproximei dele com compaixão, ele é que demonstrou compaixão por mim.

Esclarecendo dúvidas

O perdão é o ato mais difícil da nossa fé?
Para muitas pessoas perdoar é a coisa mais difícil de fazer, e é por isso que Jesus dá tanta importância ao perdão nos seus ensinamentos. Às vezes tornamos o perdão ainda mais difícil para nós mesmos porque temos uma ideia errada a esse respeito. Pensamos que perdoar significa não sentir mais nenhuma raiva, por exemplo, pela outra pessoa, ou que devemos gostar da pessoa que acabou de nos trair, ou de nos roubar, ou de nos bater. É quase humanamente impossível, de repente, mudarmos nossos sentimentos. Leva tempo conseguir isso. Outras vezes pensamos que o perdão significa simplesmente esquecer o que aconteceu, quando na verdade agir dessa forma significa que estamos reprimindo nossos sentimentos, mas eles continuarão a nos controlar a partir do inconsciente. Se temos uma ideia errada do perdão, dizemos "não posso perdoar" e começamos a nos sentir culpados porque não somos capazes de perdoar.

Temos que compreender que o perdão ocorre em etapas. A primeira é admitir que você foi ferido, sente que uma injustiça foi cometida contra você. Depois de algum tempo poderá mudar de ideia a respeito disso. Talvez mais tarde você pense que na verdade foi ferido mas que também não estava completamente inocente na história. No princípio, você apenas sente que foi ferido e tratado injustamente. E tem que aceitar esse sentimento.

Esclarecendo dúvidas

A segunda etapa é reconhecer que o sentimento de raiva, ódio, ou desejo de vingança não é agradável de experimentar, e portanto procurar curar esse estado negativo de espírito. Mas não conseguiremos isso se continuarmos remoendo o incidente. A única saída para nós é irmos na direção mais profunda. Esse é com frequência o sentido do sofrimento em nossa vida; simplesmente temos que ir mais fundo.

A terceira etapa ocorre quando começamos a experimentar a cura da nossa própria ferida. À medida que sentirmos isso, seremos capazes de pensar na outra pessoa de maneira diferente, chegaremos à real percepção do motivo pelo qual a pessoa agiu daquela forma, poderemos perceber que a pessoa talvez tenha agido por ignorância ou dominada por qualquer outro demônio interior, mas tudo isso leva tempo. Talvez não seja adequado sentar-se com a pessoa e falar sobre o assunto logo na primeira semana. Mas com o tempo o processo de perdoar faz com que sua atitude com a pessoa que o feriu vá mudando. Ao mesmo tempo que você se aprofunda, o perdão torna-se mais forte, e com o tempo liberta-se das emoções negativas que foram criadas em você. Quando somos muito feridos, constantemente interiorizamos esse ferimento como autorrejeição e culpamos a outra pessoa por nos fazer sentir autorrejeitados.

Devemos então nos libertar dos sentimentos negativos. Depois, permitir que o nosso relacionamento com a pessoa que nos feriu se restabeleça; talvez o relacionamento não volte a ser o que era antes, é possível até que termine, mas ao menos findará de maneira pacífica, não haverá desejo de vingança nem obsessão com o passado. O desejo de perdoar é tudo de que precisamos.

Na passagem do Evangelho em que Jesus diz que se alguém o atinge você deve oferecer a outra face, o que Jesus quis realmente dizer?

Penso que o que Ele quis dizer é que a violência jamais porá fim à violência, mesmo em se tratando de uma discussão doméstica verbal, por exemplo. Alguém lhe diz algo desagradável, você fica magoado, zangado, e pensa em algo para dizer que realmente possa ferir a pessoa. Você traz à tona alguma coisa que aconteceu há dez anos só porque sabe que aquilo vai ferir a pessoa, e acha então que está justificado por aquilo que foi feito antes a você, e que se trata simplesmente de justiça. Alguém me feriu com palavras e eu também vou feri-lo; desde que eu tenha a última palavra, estará tudo bem. E diz a última palavra, mas infelizmente a outra pessoa reage de novo e no final estarão jogando pedras um no outro.

Será então um trabalho muito maior para ambos se reconciliar, muito mais feridas terão ocorrido e elas levam tempo para serem curadas. Se você conseguir ficar quieto, se pensar que tem o direito de expressar sua raiva mas este não é o momento ideal para fazê-lo, você e a outra pessoa vão se beneficiar muito.

Não devemos expressar nossa raiva com a intenção de ferir outra pessoa, devemos expressá-la quando o desejo de ferir o outro já passou. Necessitamos dessa qualidade de autocontrole. São Paulo diz que esse é um dos frutos do Espírito[1], e é também um dos frutos da meditação, aquele segundo de pausa de que você precisa para não reagir. Acho que é isso que Jesus está dizendo.

Há também uma interpretação heróica dessas palavras. No filme *Gandhi* há uma cena da grande Marcha do Sal, na qual Gandhi e seus companheiros estão apanhando e nenhum deles reage com violência. Esse foi um ato heroico porque tornou-se

---

[1] Frutos do Espírito – vide *Gálatas* 5, 22-23

uma das grandes forças para a independência da Índia, e é lembrado até hoje.

A não violência, tanto em casa quanto na política, é uma forma muito eficiente de manter a Paz.

Poderia falar sobre o "temor de Deus"?

O temor de Deus é um dos dons do Espírito[2], frequentemente mal interpretado. "O temor de Iahweh é princípio de conhecimento."[3] Mas temor aqui não significa medo do castigo. São João diz que quem tem medo do castigo ainda não ama perfeitamente, pois o amor perfeito elimina o temor.

Há dois significados diferentes aqui. A ideia que se pretende está mais próxima da ideia de reverência, de um sentido de maravilhamento, de admiração, de um sentido da profundidade e da grandeza do mistério do amor de Deus. Quando se percebe isso pode ocorrer um momento de medo, mas não é medo do castigo, é medo de ser amado.

Alguns de vocês são casados. Como é que se sentiram na manhã do dia do seu casamento? Provavelmente experimentaram pelo menos um momento de medo. *O que estou fazendo com a minha vida?* Ou estando ali em pé à beira de um precipício, de repente você olha para baixo e percebe que está a um passo do nada. Esse é um momento de medo.

Se abordarmos o "temor de Deus" mais ou menos com essa visão, seremos capazes de compreender melhor o seu significado.

Peço que comente a seguinte afirmação: O deserto bíblico é o símbolo da purificação das diversas etapas de nossa história de vida pessoal.

---

[2] Dons do Espírito – vide *Isaías* 11, 2; e 1 *Coríntios* 12, 4-11
[3] *Provérbios* 1, 7

A melhor alegoria do deserto como experiência espiritual é feita por São Gregório de Nissa na vida de Moisés. Ele enfoca a jornada dos israelitas durante 40 anos pelo deserto e faz uma bonita elaboração do seu simbolismo. Moisés é interpretado como símbolo de Cristo, a travessia do mar Vermelho simboliza o Batismo, as batidas nas pedras e o jorrar da água em Meriba significariam a descoberta da vida divina – quando nosso coração está fechado e frio e algo novo começa a jorrar dele. Durante toda a narrativa do Êxodo, Deus está com os israelitas de dia e de noite. No entanto, depois que os israelitas fugiram da escravidão no Egito revoltaram-se, disseram que não gostavam do deserto e preferiam mesmo voltar à antiga escravidão. Qualquer pessoa que alguma vez tenha lutado contra um vício compreenderá isso, e todos nós lutamos contra algum tipo de vício.

Há muitos outros exemplos de deserto no Antigo Testamento. Elias por exemplo foge para o deserto para escapar das pessoas que queriam matá-lo, e é no deserto que encontra Deus.

No Novo Testamento o grande símbolo do deserto é a tentação de Jesus. Devemos lembrar que Jesus foi levado pelo Espírito àquele isolamento e o diabo veio tentá-lo ao fim de 40 dias. As tentações são claramente as tentações do ego: a tentação do orgulho, a da autossuficiência – *eu não preciso de Deus, eu não preciso de ninguém mais* –, a tentação do materialismo, colocando nossas esperanças em coisas sensoriais e materiais. A partir desta passagem vemos que Jesus tinha um ego; se não tivesse não teria sido humano. Mas vemos também que Ele não foi enganado pelo seu ego como a maioria de nós é. Jamais confundiu o seu ego com o seu verdadeiro Eu. Por isso podemos dizer que Ele não tinha pecado, Ele é como nós, exceto pelo pecado. Jesus enfrentou um conflito humano com seu ego e tudo aconteceu no deserto.

O deserto é o lugar onde encontramos Deus, mas também é o lugar onde encontramos a nós mesmos. O deserto não é um lugar de completo isolamento ou solidão. A presença de Deus estava com os israelitas durante todo o tempo de sua jornada e os anjos de Deus vieram cuidar de Jesus no deserto. Como eu disse no início, nossos períodos de meditação de certo modo são como a experiência do deserto. Há períodos em que haverá lutas e outros de grandes encontros com Deus. Mesmo quando as coisas vão mal a presença de Deus de algum modo se manifesta.

Se Deus é amor e tudo perdoa, por que o sacramento da reconciliação?

Acho que precisamos repensar o sacramento da reconciliação. É uma prática espiritual muito valiosa. Foi de certa forma inventada pelos monges irlandeses, celtas, como uma expressão de amizade espiritual. Eles se dirigiam uns aos outros e falavam sobre seus problemas, seus pecados, em total confiança. Na verdade essa prática remonta aos Padres do Deserto quando o relacionamento entre o *Abba* (Pai), o guru, e o discípulo era baseado em total confiança. Era como um contrato: o discípulo prometia ser completamente aberto ao seu mestre; não importava quão vergonhoso fosse o que ele tivesse que dizer, ele o dizia abertamente; do outro lado do contrato, o *Abba* se comprometia a jamais abandonar o seu discípulo. O sacramento deriva dessa tradição. Mas quando o sacramento da reconciliação se institucionalizou na Igreja perdeu muito desse poder espiritual direto.

Lembro-me que com a idade de 6 ou 7 anos fui obrigado a me confessar. Achava que isso era completamente sem sentido para mim e só me fazia sentir que deveria me considerar culpado de alguma coisa, pois se me acreditasse culpado e me confessasse, me sentiria melhor. Assim você cria o hábito da culpa e pensa que quanto mais culpado se sentir melhor será. Há um certo jogo de poder nessa situação porque a pessoa que tem autoridade para me livrar da culpa tem muito poder sobre mim. Talvez isso seja uma simplificação exagerada da questão. Perdemos o sentido real do sacramento; a culpa não é um sentimento que ajude, ela é destrutiva e corrosiva.

No início de seu ministério Jesus disse: "Cumpriu-se o tempo e o Reino de Deus está próximo. Arrependei-vos e crede no Evangelho".[4] É a esse chamado de Jesus que devemos responder dia a dia. O reino está aqui, devemos nos arrepender e acreditar na boa nova do Evangelho. Arrependimento não significa sentir-se culpado. Arrepender-se significa ver-se como você realmente é, estar aberto e ser sincero consigo mesmo, mas não culpado. Se pudermos entender o sacramento da reconciliação sob essa luz, será de grande auxílio. O sacramento em si não deve se tornar uma compulsão.

Para muitas pessoas a terapia substituiu a confissão, mas o sacramento da reconciliação não é o mesmo que terapia, embora tenham alguns objetivos em comum. O propósito do sacramento da reconciliação e da terapia é levar-nos ao autoconhecimento, e o melhor caminho para isso é estar num relacionamento de perfeita confiança com a outra pessoa. Se vocês puderem enxergar o sacramento por esse prisma devem participar dele, mas não se sintam compelidos a fazê-lo.

Nós também perdoamos uns aos outros e o sacramento da reconciliação é um sinal sacramental da forma como o perdão deveria ser praticado na comunidade cristã de um modo geral. O terapeuta é um profissional, é a sua atividade, e por isso tem que cobrar, mas o dinheiro modifica o relacionamento. Como diz a canção dos Beatles, *o dinheiro não pode lhe comprar o amor.*

---

[4] *Marcos* 1, 15

Foi o demônio da acídia[5] que apareceu fisicamente para Jesus na tentação no deserto?

Bem, eu não estava lá, mas acho que o diabo não apareceu fisicamente para Ele. Não creio que se trata do demônio da acídia. Não me lembro de nenhuma passagem em que Jesus tenha experimentado acídia como falamos, mas provavelmente Ele passou por isso como parte da sua experiência humana. Mesmo em Gethsêmani, quando sua alma sofria profundamente com a proximidade da morte, Ele experimentou luta, conflito, mas não acídia. No Evangelho sempre vemos Jesus vivendo no momento presente, e acídia é o que ocorre quando estamos fora do momento presente. Então nos tornamos vítimas de um dos dois maiores inimigos da jornada espiritual: o demônio da impaciência ou o demônio da preguiça.

Foi a ausência do Espírito Santo que fez com que os apóstolos não reconhecessem Jesus em suas aparições após a Ressurreição?

Creio que a incapacidade dos discípulos de reconhecerem imediatamente Jesus se deve ao fato de que eles não tinham ainda alcançado o estado de consciência para perceber isso, viviam ainda no plano mental, dos sinais exteriores. Jesus então os conduz ao nível de percepção em que podem reconhecê-lo. Esse é o trabalho que o Espírito realiza em nós: ele nos conduz ao longo da nossa jornada espiritual para alcançarmos esse nível de percepção, e isso ocorrerá de modo diferente para cada um, em tempo diferente, pois a jornada é pessoal e individual. O tempo de cada pessoa é determinado por dois fatores: a ação do Espírito Santo e nossa própria vontade de ascender.

---

[5] Ver nota 1 na pág. 71.

Fale um pouco mais sobre a relação entre autoconhecimento, conhecimento de Deus e do próximo.

Há diferentes tipos de conhecimento. Podemos conhecer algo de uma forma racional e lógica, de maneira emocional, e de modo intuitivo. Esses diferentes níveis de conhecimento se relacionam, comunicam-se entre eles.

Um dos problemas da nossa cultura é que nos tornamos obcecados pelo conhecimento racional, científico, e achamos que é a única e melhor maneira de chegar à verdade; mas isso não é realmente ciência, é cientismo, ou cientificismo. É uma ideologia que permeia toda a nossa cultura: a ciência, a educação, a mídia, até mesmo a lei. Esse foi o tema do Seminário John Main[6] conduzido por Huston Smith[7] dois anos atrás. Nessa filosofia, outras formas de conhecimento são descartadas como inferiores ou como superstições. No entanto frequentemente os cientistas chegam a grandes descobertas pela intuição e não apenas pela dedução lógica. Recentemente foi realizada uma pesquisa com cientistas que fizeram grandes descobertas e a maioria deles disse que o momento da grande verdade em suas pesquisas veio do inconsciente, de uma fonte intuitiva.

Esse é o contexto que devemos ter em mente para falar sobre autoconhecimento. Quando a tradição espiritual fala em autoconhecimento, isso não significa por exemplo dar informações sobre nós mesmos ao preencher um questionário psicológico. O autoconhecimento espiritual deriva de uma síntese de consciência e não de uma análise de consciência. É por isso que

---

[6] Ver nota 3 na pág. 19.
[7] Autoridade contemporânea em história das religiões. Autor, entre outros, de *As religiões do mundo*.

o autoconhecimento espiritual surge com a meditação. Tradicionalmente há três níveis de percepção: a visão física, que nos permite enxergar as coisas; a visão da mente, que nos possibilita explorar o sentido do que vemos e as conexões que existem; e a visão do coração. É com o olhar do coração que enxergamos Deus.

Santo Agostinho diz que o propósito da nossa vida é restaurar a saúde do olho do coração, que nos permite ver Deus. Com a visão física vemos as coisas objetivamente; desde que eu conheça você no nível da visão física, você será sempre objeto da minha visão física. Quando penso sobre você, você é objeto da minha mente. Quando vejo você com os olhos do coração, estou em você e a divisão sujeito-objeto se dissolve. Esse é o tipo de conhecimento que surge com a prática da meditação: a purificação do coração.

O Salmo diz: "Tranquilizai-vos e reconhecei: Eu sou Deus".[8] Esse tipo de conhecimento surge da prática da quietude, que é o que vamos fazer agora, encerrando nosso retiro.

---

[8] *Salmos* 46 (45), 11

Além do sacrifício: compreendendo a violência, religião e meditação

Acho que os momentos que vamos passar juntos aqui vão nos dar a oportunidade de pensar e também de escapar do pensar. Gostaria de partilhar com vocês algumas reflexões sobre meditação e sua relação com a paz. Isso significa que precisamos pensar sobre a relação entre meditação e violência. Vamos também dedicar alguns momentos para meditar juntos, em silêncio. Após o segundo período de meditação, ao final da tarde, teremos oportunidade de partilhar nossas experiências e ideias e fazer perguntas.

A parte mais importante do nosso encontro serão os períodos dedicados à meditação. Garanto que o que eu disser provavelmente vocês já terão esquecido quando forem dormir à noite. Talvez o que lembrarão será aquilo que pensaram e não aquilo que falei. Mas nunca esquecemos a experiência que temos quando meditamos. O motivo pelo qual não a esquecemos é porque ela nunca se dá no passado, e nós esquecemos apenas aquilo que está no passado. A experiência da meditação é uma experiência do presente, é a experiência de estarmos presentes no momento presente. É isso que significa a experiência contemplativa. É essencialmente a mesma experiência que todo ser humano tem tido desde o despertar da consciência. E é por isso que ainda lemos escrituras de milhares de anos atrás e nos beneficiamos delas. Reconhecemos a mesma experiência. Tudo que possa nos conduzir mais profundamente a essa experiência de presença vale a pena.

Acho que esse é o objetivo da religião. Santo Agostinho disse que o propósito de toda vida cristã é devolver a saúde ao olho do coração, porque é pelo olho do coração que vemos Deus. O verdadeiro propósito da religião é nos ajudar a entrar mais profundamente nessa experiência, embora a religião às vezes se esqueça disso. Por esse motivo quero abordar algumas das formas em que a religião pode se apresentar distorcida ou até mesmo pervertida. Percebemos isso especialmente quando vemos alguma ligação entre religião e violência.

Vamos fazer então um momento de silêncio e de reflexão, e me vem à mente uma passagem do Evangelho de João na qual Jesus faz sua primeira aparição no Evangelho. Ouçam as primeiras palavras que Jesus fala neste, que é o mais místico dos Evangelhos, pois o que eu gostaria que fizéssemos também nesta tarde é que perguntássemos a nós mesmos a respeito da nossa própria capacidade de praticar a violência, e em que medida já nos convertemos da violência para a paz. É isso que estamos conscientemente buscando?

Nessa passagem João Batista está com dois de seus discípulos quando Jesus passa por eles. João Batista aponta Jesus e diz: "Eis o Cordeiro de Deus!"[1] E os dois discípulos seguem Jesus que, voltando-se, vê que eles o seguem, e pergunta: "Que procurais?" Eles lhe respondem: "Mestre, onde moras?" Jesus

---

[1] *João* 1, 36

responde: "Vinde e vede".[2] Eles o seguem, veem onde Jesus mora e passam o resto do dia com Ele.

A cada vez que venho ao Brasil gosto mais do país, acho sua cultura muito atraente. É um país muito caloroso e afetivo, de coração aberto e criativo. Vocês sabem brincar e ao mesmo tempo têm um grande sentido do sagrado, têm uma grande generosidade de espírito e uma maravilhosa tolerância com diferentes raças, culturas e religiões. E no entanto todos me dizem que é um país muito violento. Até agora, talvez porque sempre cuidam muito bem de mim, não tive nenhuma experiência pessoal dessa ordem aqui no Brasil. Estava conversando com Dom Alexandre e Dom Anselmo, que me trouxeram de carro do Mosteiro de São Bento até este local, e lhes perguntei: *Vocês já foram assaltados na rua?* Ambos disseram: *Sim, duas vezes!* Assim que começo a conversar com as pessoas, vejo que a violência é uma experiência bastante comum, está muito presente na vida de todos. Noto que especialmente em São Paulo e no Rio de Janeiro é uma grande preocupação para as pessoas.

Bem, a violência é uma característica universal dos seres humanos, em todas as culturas e em todos os períodos da história, tanto a violência urbana quanto a doméstica; há tipos de violência física e de violência verbal. Mas será que a violência é a característica mais profunda do ser humano? Alguns antropólogos dizem que somos naturalmente violentos. Se isso for verdade, significa também que o ser humano não pode ser essencialmente bom. E no entanto todas as religiões do mundo afirmam a bondade essencial da natureza humana. Se acreditamos que a violência não é um bem devemos dizer então que o ser

---

[2] *João* 1, 38-39

humano não é violento em essência. No entanto somos violentos, e não apenas nas ruas, mas em nossos lares, na Igreja, na política e na economia. Será possível extrair essa raiz de violência da natureza humana? Se isso for possível, como é que o Evangelho e a prática da meditação podem nos ajudar?

Todas as sociedades sofrem essa praga que é o ciclo da violência. Toda vez que um ato violento é praticado parece evocar um ato recíproco. Uma vez iniciado esse ciclo, é muito difícil pará-lo, seja nos Bálcãs, em Ruanda na África, ou em nossos próprios lares. Algumas culturas do mundo parecem ser mais pacíficas. Mesmo quando o crime violento nas ruas é melhor controlado em alguns países, devido à presença de uma polícia mais bem treinada, ainda assim encontramos a violência irrompendo de outras formas.

Nas culturas da Europa Ocidental e nos Estados Unidos por exemplo, encontramos muita violência irracional por parte dos jovens, e em geral os responsáveis por essa violência são jovens bastante abastados. Presenciamos o gosto pela violência em filmes, em programas de televisão etc. Mesmo pessoas boas, respeitáveis, que vivem em áreas sossegadas das cidades gostam de assistir filmes e programas muito violentos. A violência então pode estar à tona numa sociedade violenta ou pode estar escondida sob a superfície. Recentemente houve um caso na Inglaterra, vocês talvez tenham lido nos jornais, de um médico que matou 250 de seus pacientes. O caso perturbou profundamente a sociedade inglesa. Embora ele fosse obviamente uma pessoa insana, o fato ilustra o potencial de violência que existe em uma sociedade aparentemente pacífica.

Estamos também nos conscientizando hoje do alto grau de violência escondida dentro das casas – a violência doméstica – especialmente contra a mulher. Os altos índices de abuso sexual indicam outra forma de violência. E também o terrorismo. Estamos muito conscientes da violência hoje em âmbito global devido ao terrorismo espalhado em todo o mundo. Eu estava nos Estados Unidos no ano passado em 11 de setembro[3]; chamou-me a atenção o fato de que houve um curto período, depois do ataque ao World Trade Center, em que as pessoas estavam atordoadas, ao mesmo tempo em que se perguntavam: *Por quê? Por que aconteceu isso?* Algumas também se perguntavam: *O que devemos fazer agora, em lugar de simplesmente reagir e perpetuar esse ciclo de violência? Há outra coisa que possamos fazer?*

Naquele breve intervalo foi como se houvesse uma ligeira esperança de que se pudesse fazer algo diferente. Mas afinal não foi isso o que aconteceu; reagimos como os seres humanos sempre reagem à violência, que é atacar de volta. Acho que podemos até entender o motivo, pois não sabíamos que outra coisa fazer e os políticos queriam fazer alguma coisa, e não havia bastante maturidade espiritual na sociedade para reagir de uma forma nova. Penso que o problema é que também não temos humildade para aceitar que somos espiritualmente imaturos. Glorificamos a violência e a justificamos. É o que sempre fazemos com a guerra, e as pessoas acabam gostando disso.

Por exemplo, quando assistíamos os telejornais mostrando jovens soldados norte-americanos indo para o Afeganistão, víamos que eles estavam entusiasmados. A vista de soldados marchando ao som de música marcial nos entusiasma de modo estranho. Essa é a história da humanidade. Quando escrevemos a história sempre relatamos as batalhas e guerras que foram travadas. Glorificamos o ciclo da violência e também o justificamos

---

[3] 11 de setembro de 2001, dia em que ocorreram os atentados terroristas ao World Trade Center, Nova York, e ao Pentágono, Washington, nos Estados Unidos, atribuídos à organização islâmica Al Qaeda.

religiosamente: *Deus está do meu lado, meu Deus está do meu lado, meu Deus é o Deus verdadeiro.* É a justificativa para um comportamento muito estranho. Quase 3000 pessoas morreram no ataque ao World Trade Center e mais de 3000 civis, mulheres e crianças foram mortos nos bombardeios ao Afeganistão. *É lamentável, mas justificável,* porque *o direito está do meu lado.*

O que atormentava os norte-americanos no 11 de setembro era: *Por que isso aconteceu?* Era muito difícil para eles entender por que os fundamentalistas islâmicos odiavam os norte-americanos tanto assim. Como os norte-americanos não têm um sentido muito claro de diferentes culturas e diferentes povos, ficava muito difícil para eles entender o que lhes acontecera. Achavam que aconteceu de repente, do nada. Não perceberam que o ataque ao World Trade Center era, na verdade, mais um elo na cadeia de violência. As pessoas que organizaram esse ataque terrível se sentiam, elas próprias, vítimas da violência, assim como se sentem os suicidas palestinos. Ninguém reage dessa forma a não ser que se sinta desesperado e indefeso. Talvez a pessoa sinta que é vítima da violência política, social ou econômica e a única forma de reagir é por meio da violência física. Obviamente isso não se justifica, mas ajuda a explicar a natureza do ciclo de violência.

O problema é que nunca pensamos em nós mesmos como pessoas violentas. Por exemplo, as potências colonizadoras nunca pensaram em si mesmas dessa forma. Os ingleses na Índia, os portugueses e espanhóis na América do Sul, os europeus na África ou os chineses no Tibete viam-se a si mesmos como portadores da paz e de um nível mais alto de civilização. E se os nativos resistissem, os colonizadores teriam de empregar a violência para impor sua civilização. Algumas vezes esses povos oprimidos conseguiram a independência por meios violentos, outras vezes foram simplesmente exterminados, como a população nativa caribenha das Índias Ocidentais, ou sua cultura foi anulada, como a dos aborígenes da Austrália.

Será que alguma vez admitimos que somos violentos? Toda violência está associada à negação. Percebemos esse fato, por exemplo, na cultura das empresas multinacionais. Essas empresas são frequentemente violentas no que se refere à cultura ou ao meio ambiente da região onde se instalam, e justificam sua ação com ideais de progresso e desenvolvimento econômico, mesmo que estejam destruindo o modo de vida ou a ecologia local.

Há sempre dois lados na violência: o perseguidor e o perseguido. Esses dois papéis estão constantemente se alternando. A violência em geral tem suas raízes em experiências de injustiça: o abismo entre ricos e pobres, a opressão do mais fraco, a exclusão das pessoas que vivem à margem da sociedade. Qualquer que seja o lado em que nos encontremos, justificamos nossa violência com o autoengano. Se agimos com violência, dizemos que somos forçados a agir dessa forma, que estamos nos protegendo ou que estamos exercendo a justiça. Esse elemento de autoengano é a chave para entendermos a natureza da violência, porque esta nos faz sentir vergonha de nós mesmos. Não precisamos nem pensar na situação global, basta pensar no conflito doméstico. A violência física ou o abuso sexual causa grande vergonha na pessoa que o pratica.

Por exemplo, numa discussão entre marido e mulher um deles diz uma coisa cruel, que magoa; no mesmo instante que faz isso, a pessoa se sente justificada e diz: *Você mereceu*. Ou, em outra situação, pensa: *Disseram algo horrível para mim e direi algo horrível para eles*. Há uma tentação quase irresistível de colocar os pensamentos em palavras, mas no instante em que se age dessa forma a palavra se torna uma arma e foge então do nosso controle. Você vê a expressão nos olhos da pessoa que ama e que acabou de magoar, e percebe que a feriu com violência, emocionalmente, mesmo que não a tenha tocado. E por um momento você se sente envergonhado. Tem até vontade de recolher a palavra que disse, mas a palavra foi um ato, um ato já praticado. Se a pessoa então reage e ataca você verbalmente ou fisicamente você poderá esquecer a sua vergonha porque agora tem que se defender novamente e se sentirá mais justificado pelo que fez.

Esse é o ciclo da violência, sempre justificada pelo autoengano. Onde estão as raízes desse ciclo de violência? O mundo tem sido violento desde que Caim matou Abel...

※

Vamos nos sentar de maneira confortável, porém em estado de atenção e despertos. Quando meditamos não estamos apenas fazendo um trabalho mental, é um trabalho que envolve a pessoa toda, corpo, mente e espírito. O corpo está sempre no momento presente; é a mente que vive no passado ou no futuro. A primeira parte do trabalho consiste em reunir corpo e mente; fazemos isso simplesmente, nos sentando quietos. A quietude do corpo é também uma lição de como ir além do desejo. Sente-se o mais quieto que você conseguir, com as costas eretas, feche os olhos suavemente e comece a repetir interiormente a palavra, o mantra. Repita suavemente, sem esforço, mas com fé, durante todo o período da meditação. Ouça a palavra à medida que a repete. Quaisquer que sejam os pensamentos que venham à mente ou sentimentos que aflorem, deixe-os ir. Acompanhe a palavra à medida que ela o conduz da mente para o coração. A palavra é *Maranatha*.[4] Repita-a lentamente, em quatro sílabas

---

[4] 1 *Coríntios* 16, 22 e *Apocalipse* 22, 17

iguais, MA-RA-NA-THA. Já era uma palavra sagrada desde os primórdios da Igreja. É um mantra cristão muito bonito. Na tradição do mantra, qualquer palavra que você escolha é uma palavra sagrada e você deve permanecer com ela.

Vamos meditar por 15 minutos e finalizar com uma leitura.

Bem-vindos de volta. Atentem aos versos deste Salmo[5]:

> Ó Deus, quebra-lhes os dentes da boca,
> arranca as presas dos leõezinhos, ó Iahweh!
> Que se diluam como água escorrendo,
> murchem como erva pisada,
> como lesma derretendo ao caminhar,
> como aborto que não chega a ver o sol!
> Antes que lancem espinhos como espinheiro,
> verdes ou secos, que o furacão os carregue!
> Que o justo se alegre ao ver a vingança
> e lave seus pés no sangue do ímpio.
> E comentem: Sim!
> Existe um fruto para o justo! De fato!
> Existe um Deus que faz justiça sobre a terra!

O que acham disso? Vocês acham que é fácil rezar com essas palavras? E no entanto essas são palavras típicas de parte significativa das nossas escrituras.

Gostaria agora de examinar o elo entre religião e violência, e como a meditação pode nos ajudar nessa questão.

Eu disse que precisamos aceitar que temos as sementes da violência dentro de nós mesmos. E a simples existência dessas

---
[5] *Salmo* 58 (57), 7-12

sementes de violência nos faz cúmplices da violência no mundo. Portanto temos que fazer um trabalho sério conosco. Não basta condenar a violência a uma distância segura dela. Temos que garantir que somos homens e mulheres de paz, e não participantes passivos da violência. A religião ajuda-nos a fazer esse trabalho? Esses tipos de sentimentos do Salmo nos ajudam a fazer esse trabalho? Ou será que a religião às vezes se recolhe a uma distância segura e simplesmente condena a violência, ou até mesmo endossa a violência? Por que tantos textos da Bíblia são violentos?

Há uma passagem interessante no Primeiro Livro dos Reis quando Elias enfrenta os profetas de Baal. Ele vence a competição e mostra que seu Deus é melhor que o Deus deles. Poderíamos pensar que Elias se daria por satisfeito com o resultado, mas ele no entanto leva os 450 profetas de Baal para a beira do rio e degola-os. Muito frequentemente na Bíblia vemos Iahweh como uma figura violenta. Ele pune, toma partido, vinga-se.

O cristianismo rejeita tudo isso? *Sim*, é o que provavelmente nos ensinaram na escola; o Deus do Antigo Testamento era muito bravo e Jesus nos traz o Deus da Paz, o Deus do Amor. É verdade, Jesus realmente revela Deus como Amor, mas não é tão simples assim. Por que os 2000 anos de história cristã têm sido tão violentos? Por que a teologia cristã reluta tanto em expressar o verdadeiro ensinamento de Jesus? Por que a religião cristã tem sido tantas vezes cúmplice da violência oficial da sociedade? Por que o ensinamento de Jesus é tão frequentemente traído por seus seguidores ou intérpretes?

Podemos ter a resposta para tais perguntas na interpretação da cruz. A cruz é um símbolo muito violento e é o centro da iconografia cristã, especialmente na Igreja do Ocidente. Quando adentramos as igrejas cristãs do Ocidente vemos sempre o crucifixo no ponto central da arquitetura do templo. É diferente quando entramos numa igreja ortodoxa; muito mais provavelmente veremos um ícone da transfiguração ou da ressurreição. No cristianismo ocidental porém, a cruz frequentemente substituiu a ressurreição como clímax essencial da história de Jesus. E por que acontece isso?

A cruz é usada para justificar a violência por meio da ideia do sacrifício. Essa antropologia do sacrifício foi muito bem descrita pelo antropólogo francês René Girard. Ficamos chocados e assustados ao vermos quão violentos somos e então desenvolvemos a ideia do sacrifício para controlar a violência na sociedade. Girard diz que o sacrifício propicia uma detonação segura para a explosão da violência, que o sacrifício é um detonador da violência. E o sacrifício requer uma vítima, que se torna o bode expiatório. Projetamos nele toda a nossa própria vergonha e culpa. E uma vez tendo matado o bode expiatório, tendo matado a vítima do sacrifício, sentimos-nos melhor. Quando Hitler iniciou a perseguição aos judeus ele prometeu uma Alemanha melhor e mais pacífica. Pensamos que vamos estar mais seguros matando alguém. Ao admitirmos essa ideia, iniciamos o ciclo da violência e podemos criar sacrifícios sempre que precisarmos. É nesse aspecto que o Cristianismo invariavelmente endossou ou justificou a violência social, por meio de uma interpretação equivocada da cruz. Sempre nos disseram que a cruz era um sacrifício e que mesmo a missa é a celebração do sacrifício da cruz. Alguma vez pensamos realmente o que isso significa?

Disseram-nos quando crianças que Adão e Eva cometeram um pecado terrível e Deus os puniu. Expulsou-os do Paraíso e assim foram introduzidos o sofrimento, a velhice e a morte no mundo. Já não era o bastante? Mas Deus estava tão furioso que pediu ainda mais. A ira Dele era tão grande que exigiu o sacrifício de seu Filho. Ele enviou seu Filho amado, sob a forma humana, para que sofresse uma morte terrível, um sacrifício, e isso então pagaria a dívida com Deus. Nesse quadro, era necessário que Jesus morresse de uma forma terrível e então os cristãos ficariam agradecidos aos judeus por terem feito esse trabalho. De fato, há 2000 anos temos feito dos judeus os bodes expiatórios, os quais, dizemos, mataram Deus.

Se isto é teologia, não é muito lógica, nem é compatível com o espírito do Evangelho e com o ensinamento de Jesus. É uma interpretação particular da cruz, mas de maneira nenhuma é a única interpretação. Quando encaramos esse fato à luz da nossa compreensão da violência, parece uma interpretação muito desonesta. Porque justifica o escândalo e a vergonha da violência humana. Será que existe uma outra forma de compreender a cruz? Entendemos quando vemos que Jesus é inocente. Ele é uma vítima inocente e nada pode justificar a execução de uma pessoa inocente. Jesus foi morto porque expôs uma falha fundamental no entendimento religioso, que é a tendência da religião de justificar a violência. Ele expôs a desonestidade do sacrifício no templo. Provavelmente a razão histórica pela qual Jesus foi morto é o fato de Ele ter atacado a religião do templo. A violência é tornada sagrada no templo. Jesus expôs a cumplicidade entre violência e religião.

> Se alguém jurar pelo santuário, seu juramento não o obriga, mas se jurar pelo ouro do santuário, seu julgamento o obriga. Insensatos e cegos! Que é maior, o ouro ou o santuário que santifica o ouro? Dizeis mais: Se alguém jurar pelo altar, não é nada, mas se jurar pela oferta que está sobre o altar, fica obrigado. Cegos! Que é maior, a oferta ou o

altar que santifica a oferta? Pois aquele que jura pelo altar, jura por ele e por tudo o que nele está. E aquele que jura pelo santuário, jura por ele e por aquele que nele habita. E por fim aquele que jura pelo céu, jura pelo trono de Deus e por aquele que nele está sentado.

Ai de vós, escribas e fariseus, hipócritas, que pagais o dízimo da hortelã, do endro e do cominho, mas omitis as coisas mais importantes da Lei: a justiça, a misericórdia e a fidelidade. Importava praticar estas coisas, mas sem omitir aquelas. Condutores cegos, que coais o mosquito e engolis o camelo.[6]

Não surpreende que não gostassem dele. Jesus revela o autoengano que existe no coração da religião. O autoengano é o que nos torna capazes de ser hipócritas.

> Ai de vós que edificais os túmulos dos profetas, enquanto foram vossos pais que os mataram! Assim, vós sois testemunhas e aprovais os atos dos vossos pais: eles mataram e vós edificais![7]

Esse é o absurdo e a confusão no coração desse tipo de religião que quer esconder a inocência da vítima, mas também celebrar a vítima como sagrada. É essa confusão e o autoengano que permitem que a religião justifique a violência. Jesus cumpre aquilo que foi dito pelos profetas. É essa tradição de testemunho profético que desmascara a hipocrisia. O próprio Jesus cita o

---

[6] *Mateus* 23, 16-24
[7] *Lucas* 11, 47-48

grande profeta Oséias: "Porque é amor que eu quero e não sacrifício, conhecimento de Deus mais do que holocaustos".[8]

Jesus então veio a ser vítima da religião que estava desmascarando e transformou-se em bode expiatório. Ele se tornou o sacrifício no qual as pessoas projetaram a sua violência. Pôncio Pilatos entendeu isso muito claramente. Ele sabia que Jesus era inocente e até quis ajudá-lo, mas o poder da projeção era muito forte. O ciclo da violência é ainda mais forte do que os líderes da sociedade. Quando dizemos que Jesus tira o pecado do mundo, o que queremos dizer com isso? Não significa que Ele morreu para pagar nossa dívida. É exatamente o contrário; sua morte revela a natureza do próprio pecado. Ele tira o pecado ao expor esse engano no coração da religião. Engano que a leva a manter justificado o ciclo da violência.

Jesus também propõe uma alternativa e a corporifica: o Reino de Deus.

> Ouvistes que foi dito: Olho por olho e dente por dente. Eu, porém, vos digo: não resistais ao homem mau; antes, àquele que te fere na face direita oferece-lhe também a esquerda; e àquele que quer pleitear contigo, para tomar-te a túnica, deixa-lhe também o manto; e se alguém te obriga a andar uma milha, caminha com ele duas. Dá ao que te pede e não voltes as costas ao que te pede emprestado.[9]

Esse é o ensinamento sobre não violência que encontramos em todos os grandes mestres espirituais da humanidade.

---

[8] *Oséias 6, 6*
[9] *Mateus 5, 39-42*

Jesus acrescenta algo mais com seu ensinamento sobre o perdão. Apenas o perdão pode quebrar o ciclo da violência. Ele rejeita totalmente a ideia da violência sacrificial. Então, por que o vemos como uma vítima sacrificial? Alguma coisa está errada em nossa interpretação da história. É muito útil vermos Jesus como uma vítima sacrificial porque nos torna mais fácil permanecer violentos. E não é só a sociedade que está entregue à violência, nós também estamos.

No Evangelho de João lemos que o mundo está em poder de Satã. Mas ouçam o que é Satã: "Ele foi homicida desde o princípio", diz Jesus, "e é pai da mentira"[10]. Só se pode manter o ciclo da violência por meio da mentira e do autoengano. Mas a inocência de Jesus e sua profunda identidade com a Palavra de Deus desmascaram a mentira de que a violência pode ser praticada a serviço de Deus. Se aceitarmos que podemos ser violentos a serviço de Deus, estaremos afirmando que Deus pode ser violento, que há violência na natureza de Deus, e isso é completamente oposto ao que Jesus ensina.

Há uma terrível contradição bem no fundo do pensamento cristão. Na verdade o que está em jogo aqui é a própria identidade da religião. Jesus desafia a religião expondo sua relação com a violência. É por isso que Ele diz que os adoradores que o Pai deseja não adorarão no templo, mas no espírito e na verdade. Sabemos que o cristianismo se tornou uma religião do mundo, com seus templos, seus sacrifícios, suas perseguições, suas excomunhões e seu uso da violência física ou social. Não é a história toda do cristianismo, mas é parte da contradição dentro da história do cristianismo. Talvez seja essa a contradição que nós,

---

[10] *João* 8, 44

hoje, estamos reconhecendo. É a isso que chamamos de crise do cristianismo. Qual é a alternativa?

Hoje muitas pessoas veem a hipocrisia e as contradições dentro das religiões e dizem: *Sou uma pessoa espiritual mas não quero pertencer a nenhuma religião.* Porém a espiritualidade não é um feriado dentro da religião, não importa quão embaraçosa seja a hipocrisia de pessoas religiosas. A espiritualidade não é uma fuga da verdadeira natureza da religião. O ser humano é naturalmente religioso porque a religião liga a cultura humana à dimensão transcendente da realidade. Espiritualidade é a pureza da religião. Não substitui a religião, porque não se pode substituí-la, mas deve purificá-la. A meditação é a prática essencial da espiritualidade. É o que a Igreja Primitiva chamava de *oração pura*. É essencialmente o que Jesus descreve em seu ensinamento sobre a oração no Capítulo 6 do Evangelho de São Mateus. Ao dar esse grande ensinamento no Sermão da Montanha, Jesus descreve alguns elementos essenciais da oração.

Primeiramente, orar não é buscar a aprovação de outras pessoas. Queremos a aprovação de outras pessoas porque nos sentimos inseguros. Gostamos de ouvir as pessoas dizerem: *Que pessoa boa! Que pessoa legal! Que pessoa generosa! Que pessoa santa!* porque não sentimos que somos realmente assim. Se usamos roupas especiais, como este hábito branco, parece que essa imagem cresce ainda mais. Jesus expõe esse jogo do ego; portanto desmascara todo o reinado da política religiosa.

Depois, Jesus diz que a oração se relaciona com a interioridade.

> Tu, porém, quando orares, entra no teu quarto e, fechando tua porta, ora a teu Pai que está lá, no segredo; e teu Pai, que vê no segredo, te recompensará. Nas vossas orações não

useis de vãs repetições, como os gentios, porque imaginam que é pelo palavreado excessivo que serão ouvidos.[11]

Isso mudará bastante a nossa religião se for posto em prática, modificará muito todas as palavras que dizemos quando oramos.

Jesus diz ainda: "Não sejais como eles porque vosso Pai sabe do que tendes necessidade antes de lho pedirdes".[12] No entanto a religião geralmente ensina a oração como uma forma de comunicarmos nossas necessidades a Deus. É um instinto humano arraigado. Encontramos isso em todas as religiões. Num templo budista ou xintoísta no Extremo Oriente encontraremos a mesma psicologia de oração atuando. As pessoas necessitadas vão ao templo, informam Deus das suas carências e pedem a esse poder superior que desça e atenda a tais necessidades. Quanto mais desesperada a pessoa se encontrar mais agirá dessa forma.

Jesus também ensinou que, ao orarmos, não devemos nos preocupar nem ficar ansiosos a respeito de questões materiais. Deixar de nos preocupar pode parecer algo muito difícil para nós. O conselho de Jesus para parar de nos preocupar é contemplar a beleza das flores, das aves no céu, talvez a beleza de nossa verdadeira natureza.

> Buscai, em primeiro lugar, o Reino de Deus e sua justiça, e todas essas coisas vos serão acrescentadas. Não vos preocupeis, portanto, com o dia de amanhã, pois o dia de amanhã se preocupará consigo mesmo. A cada dia basta o seu mal.[13]

---

[11] *Mateus 6, 6-7*
[12] *Mateus 6, 8*
[13] *Mateus 6, 33-34*

Além do sacrifício: compreendendo a violência, religião e meditação

São palavras muito apropriadas sobre a meditação. Essa é a espiritualidade do ensinamento de Jesus. Quando pomos essa espiritualidade em prática, estamos meditando. Começamos então a ver por que a meditação tem uma influência pessoal e social tão poderosa. Essa espiritualidade vai nos confrontar com a corrupção e os erros da religião. Se realmente lermos o Evangelho acontecerá o mesmo. Essa espiritualidade também expõe as raízes da violência dentro de nós mesmos, nossas tendências violentas, nosso comportamento violento e nossa cumplicidade na violência do mundo.

A meditação é o trabalho interior necessário de um discípulo de Jesus, ou de qualquer pessoa verdadeiramente não violenta. A meditação atua levando-nos ao autoconhecimento, assim como a cruz atua expondo a mentira no coração da nossa violência, a mentira que dá suporte ao ciclo da violência. O primeiro nível do autoconhecimento não é muito agradável porque vai revelar nossa tendência à violência e nossos autoenganos, pois cada um de nós é um microcosmo do mundo. Encontrarmos a nós mesmos é nos engajarmos no mundo real. A meditação não é uma fuga do mundo, já que somos um microcosmo do mundo. Conhecermos a nós mesmos é conhecer o mundo, mas para nos conhecermos é preciso nos amarmos e nos aceitarmos como somos, com todas as nossas faltas. Portanto amar é nos aceitar, é amar e aceitar o mundo como ele é.

A meditação é um caminho de paz porque nos confronta com a natureza da violência em nós mesmos e, de uma forma misteriosa, cura esse vício da violência. Todo vício depende do autoengano. Pela meditação desmascaramos nosso autoengano. O primeiro nível de autoconhecimento que penetramos assim que começamos a meditar é a clareza para perceber as coisas. Nós nos tornamos conscientes de padrões de pensamento e de comportamento que antes ignorávamos, dos quais éramos inconscientes. Perceberemos que somos pessoas bastante incoerentes. Podemos ser calmos, compassivos, tolerantes, pacientes, em outras palavras podemos estar temporariamente iluminados durante ou imediatamente após a meditação. E alguns minutos depois ao falar ao telefone podemos batê-lo com raiva porque alguém nos amolou; encontramos alguém que nos irrita e ficamos enraivecidos; podemos dizer coisas cruéis mesmo para as pessoas que amamos; podemos dirigir nosso carro como se fosse uma arma e usar as palavras como se fossem armas. Esses padrões de violência estão profundamente enraizados em nós, como se estivessem impressos em nossa psique. Leva tempo e é preciso um trabalho árduo para removê-los, mas não nos curaremos de nossa tendência à violência sendo violentos conosco mesmos.

Há uma certa tradição em todas as religiões, um certo tipo de espiritualidade violenta, de que se infligirmos dor a nós mesmos nos aproximaremos mais de Deus. Essa é uma espiritualidade negativa porque se baseia na mesma interpretação errônea da cruz. Não a encontramos em nenhum lugar no ensinamento de Jesus. Se queremos nos libertar da violência Jesus nos diz: "... e a verdade vos libertará"[14], não o ódio ou a rejeição contra si mesmo.

A meditação é um caminho de não violência porque é uma via para o autoconhecimento e para a autoaceitação, e é muito mais exigente que qualquer forma de espiritualidade negativa. É bem mais fácil infligir dor a nós mesmos do que meditar. Quando meditamos também ganhamos uma percepção da natureza do desejo e, tendo uma compreensão mais profunda

---

[14] *João* 8, 32

dessa natureza, compreendemos o ciclo da violência. Lembrem-se de Caim e Abel. Caim matou Abel porque não conseguiu o que queria, que era a aprovação de Deus. Nossos desejos nos levam à competição com outras pessoas. Pode ser uma competição no plano romântico ou erótico, pelo poder ou pela fama, competição para ser o primeiro, para ganhar a Copa do Mundo, para ser Presidente da República. Sempre que estivermos envolvidos na busca do desejo estaremos correndo o perigo de cair na violência, porque se você tiver aquilo que eu quero poderei usar de violência para tomá-lo. Temos de entender a natureza do desejo se quisermos nos libertar do ciclo da violência. E não podemos compreender essa natureza apenas intelectualmente; só a compreenderemos por meio da experiência daquilo que Jesus chamou de *pobreza de espírito*.

É exatamente o que desenvolvemos com a prática da meditação. Não significa que eu não tenha alguma coisa ou que eu não aprecie alguma coisa. Significa apreciar com liberdade aquilo que se tem, sem medo de perdê-lo e portanto sem tendência à violência. É um estado muito difícil de desenvolver, estar desapegado das pessoas que amamos, permitir-lhes que sejam elas mesmas. No entanto, de acordo com Jesus, essa é a primeira condição para a felicidade humana.

Para concluir penso que é necessário fazer uma distinção entre necessidade e desejo. Todos temos certas necessidades humanas básicas, precisamos de alimento, moradia, afeto, caso contrário não sobreviveríamos nem às primeiras horas de vida. E à medida que crescemos necessitamos de um trabalho criativo, por exemplo. Precisamos ter o senso de pertencer a uma comunidade ou a uma sociedade, precisamos sentir que somos tratados com respeito e dignidade. Se qualquer dessas necessidades humanas básicas não for satisfeita, experimentamos dor, sofrimento e essa ferida talvez não seja culpa de ninguém. Tornando mais claro: é possível que seu pai ou sua mãe tenha sido alcoólatra, ou emocionalmente frágil, e não pôde lhe dar todo o amor que você precisava e, em consequência, você permanece com essa ferida a vida toda.

Quando experimentamos o sofrimento pela primeira vez, entendemos que é uma violência praticada contra nós, e se não existir uma forma óbvia de remover a dor começamos a imaginar o que poderia acabar com ela; se tenho sede, tomo água e elimino a dor da sede, porém quando se trata de uma dor profunda da alma não é tão fácil, começamos a nos movimentar pelo reino da fantasia, da irrealidade. As imagens do que poderia eliminar a dor se tornam nossos desejos, que se multiplicam e se tornam complicados e diversos. Um dia percebemos que estamos simplesmente correndo atrás de desejos e assim mesmo não estamos satisfazendo nossas necessidades mais profundas. Felizmente, percebemos também que satisfazer nossos desejos não nos levará à felicidade. Esse é um momento de verdade muito difícil, é um momento que frequentemente libera muita raiva dentro de nós porque a maioria de nossos desejos estão enraizados em nossos primeiros sentimentos de reações violentas.

Por essa razão não devemos nos surpreender quando a meditação se torna turbulenta. Às vezes ela é apresentada de maneira fantasiosa como se fosse um caminho rápido para a felicidade. Meditação é o trabalho de sermos fiéis a nós mesmos em níveis cada vez mais profundos. E isso significa que precisamos expor nossos autoenganos e ilusões, e também o forte apego aos nossos desejos. Muito desse trabalho só é realizado no fundo da nossa alma. É por esse motivo que na meditação abandonamos nossos desejos, inclusive nosso desejo de Deus, porque esse desejo é, ele mesmo, uma imagem; portanto, abandonamos imagens de Deus quando meditamos, consequentemente a meditação purifica nossa religião. Quando retornamos às nossas práticas religiosas o fazemos com imagens purificadas de Deus. No final não teremos nenhuma imagem de Deus, apenas a experiência de participarmos do mistério de Deus como Amor.

Outra forma é descrever a meditação como um trabalho de silêncio. Na meditação praticamos o silêncio e o aceitamos como uma alternativa para os desejos barulhentos da nossa mente. O resultado desse trabalho é a paz. Primeiramente a paz dentro de nós; nossa tendência de praticar a violência contra nós mesmos diminui; nossa autorrejeição e o ódio contra nós mesmos diminuem; passamos, verdadeiramente, a nos aceitar e a nos amar. Intuitivamente, automaticamente, tornamo-nos pessoas de paz. Encontramos a felicidade de ser promotores da paz simplesmente sendo quem somos. Assim podemos dizer que a meditação é um caminho de paz.

Vamos meditar por 15 minutos e finalizar com uma leitura.

Ouçamos as palavras de Jesus no Evangelho de Lucas. Os fariseus perguntaram-lhe quando chegaria o Reino de Deus e ele respondeu-lhes: "A vinda do Reino de Deus não é observável. Não se poderá dizer: Ei-lo aqui! Ei-lo ali!, pois eis que o Reino de Deus está no meio de vós".[15]

---

[15] *Lucas* 17, 20-21

PERGUNTAS E RESPOSTAS

Eu tenho consciência de quão violenta sou comigo mesma. Se começar a meditar, essa violência poderá eclodir para o exterior?
Penso que se qualquer um de nós for uma pessoa essencialmente violenta a meditação poderá ser muito perigosa; mas a nossa verdadeira natureza é não violenta, é boa. Penso que a nossa violência ou raiva é resultado de uma outra coisa. É na verdade o resultado da frustração dos nossos desejos. Você constata isso num bebê de dois dias. Por trás da nossa violência existe, creio, tristeza ou desapontamento. Sobre a violência explodir acho que ela já explodiu. É como uma bolha que estoura. Quando uma bolha estoura pode haver um pouco de turbulência. Mas o que você verá é a raiz da violência, a sua causa, o motivo da raiva em você mesmo. E provavelmente, com surpresa, o que você encontrará é uma profunda tristeza e não a violência. Você terá de suportar essa tristeza durante algum tempo; depois, o que será liberado é alegria pura, verdadeira. Jesus ensina que não há nada a temer, especialmente não devemos temer a nós mesmos.

Queria saber se essa prática meditativa é uma prática da igreja tradicional ou se é um resgate a partir de uma ideia nova de Igreja que o senhor expôs aqui.
A prática de meditação que a nossa comunidade ensina tem origem na Igreja Primitiva. Era e é essencialmente uma comunicação pessoal ou tradição oral. Pela primeira vez foi apresentada por escrito, na tradição cristã, pelos Padres do Deserto, os primeiros monges cristãos, no século 4º. É uma tradição viva que através da história se desenvolveu e aprofundou de determinada maneira. A forma como se expressa hoje é diferente do passado

porque vivemos num mundo completamente diferente, mas o ensinamento essencial é o mesmo. O que há de maravilhoso é que agora todos temos consciência de que a experiência contemplativa não está mais restrita a monges e monjas. Na verdade o que chamamos de vida cristã plena precisa conter alguns elementos de vida contemplativa. Indico a todos a leitura dos livros de John Main se quiserem conhecer um pouco mais sobre isso.

Foi feita uma distinção entre desejo e necessidade. A abordagem budista do desejo é feita de uma determinada forma; até que ponto se aproxima da abordagem do cristianismo?

Talvez seja uma questão de terminologia. Eu consideraria a ideia de desejo primário e desejo secundário. Nossa necessidade de alimento é um desejo primário. Ele se tornará um desejo secundário se for usado para substituir outros desejos não satisfeitos. Por exemplo, se você passa a comer demais para preencher um vazio emocional, isso se tornará um desejo secundário. Precisamos compreender essa distinção para podermos aceitar a naturalidade de algumas de nossas necessidades e desejos humanos. De certa maneira somos todos viciados em comida porque não podemos viver sem ela, mas se comemos moderadamente para atender essa necessidade vital, não é um vício.

A nova santidade: espiritualidade para os tempos atuais e meditação

Vamos começar com alguns momentos de silêncio e depois da palestra teremos um período de meditação, o que será de fato a parte de aprendizado desta noite. Não importa quão superficial ou profundo eu seja, garanto que vocês vão esquecer o que eu tiver falado assim que forem dormir à noite. Ou o que vocês pensarem que eu disse será, na verdade, o que vocês mesmos pensaram. Mas creio que não conseguiremos esquecer a experiência que temos do momento presente durante a meditação. É por isso que essa experiência de contemplação é tão renovadora e tão restauradora, e também tão curativa, porque voltamos ao único lugar onde de fato existimos neste momento presente.

É muito importante lembrar que a meditação não trata apenas do que fazemos na cabeça. No início parece que tudo o que fazemos é tentar controlar a nossa mente barulhenta, dispersiva e obsessiva. Há muito trabalho mental na meditação, mas o trabalho real é a integração da pessoa toda. O corpo, é claro, está sempre no momento presente, por isso o corpo nunca mente. A mente está em outro lugar; pensando no que fizemos há cinco minutos ou ontem, ou planejando o que vamos fazer amanhã. O primeiro passo, em qualquer prática espiritual, é juntar o corpo e a mente. Assim podemos entender a meditação como uma experiência de encarnação. Talvez a forma mais encarnada de oração.

Vamos então dedicar alguns momentos para nos aquietar, pois é na quietude que a integração acontece, desde que possamos permanecer acordados nela. A quietude é a verdadeira jornada da alma. Em primeiro lugar tentemos estar presentes em nós mesmos, em nosso eu mais profundo, não no eu superficial que esteve correndo o dia inteiro. Uma boa maneira de se tornar presente em você mesmo é prestar atenção à sua respiração por alguns instantes. É como sentar-se diante de uma janela e olhar para o que está além do vidro. Então poderemos estar presentes uns nos outros em espírito de verdadeira amizade. Todos sabemos que a meditação é o terreno comum a todas as religiões; portanto é o espaço onde podemos nos encontrar em simbiose sem suspeita, sem medo ou competição. Se conseguirmos chegar a esse nível de presença começamos a estar presentes no Espírito de Deus, que está sempre presente em nós, não importa quão distraídos estejamos. Mesmo para as pessoas que não acreditam em Deus, Ele é o símbolo mais poderoso, a palavra mais poderosa que elas têm. Deus é o símbolo de tudo, o significado último, a origem última, o destino último. E porque este símbolo é tão poderoso, mesmo que digamos que não acreditamos em Deus, é importante estarmos conscientes de como imaginamos Deus.

Façamos agora alguns minutos de meditação.

Acho que todos nós quando crianças tivemos experiências muito poderosas, diretas, da presença divina. Às vezes esquecemos essas experiências mais tarde na vida ou não as associamos à Palavra de Deus. Lembro-me de quando era muito criança, talvez com 3 ou 4 anos de idade, eu estava dormindo e acordei no que para mim parecia ser o meio da noite, mas talvez fossem apenas 10h ou 11h da noite, tomado por uma esmagadora experiência de amor e contentamento. Era forte demais para uma criança aguentar. Lembro-me de que me levantei, fui até a sala onde minha família estava reunida e me joguei nos braços de minha mãe. Eu precisava tornar concreta essa experiência de amor. Lembro-me da expressão de surpresa no rosto dos adultos na sala; eles riam do meu comportamento.

Lembrei-me disso ontem, vindo de avião de João Pessoa para São Paulo, onde havia algumas crianças gritando sentadas bem na minha frente. É uma daquelas ocasiões em que sou grato por ser monge... Depois de alguns minutos, o bebê que estivera gritando e chorando mudou completamente seu estado de espírito. Começou a brincar comigo, atraindo minha atenção. Então de repente deu-me um sorriso absolutamente beatífico. Era o sorriso de Deus, não há outra explicação para isso. Uma bondade total e inocente. Um sorriso realmente santo. Como crianças, até como bebês, podemos experimentar esses toques da presença divina. Eles nos preenchem com uma experiência de santidade.

Ao mesmo tempo que como crianças temos essa capacidade para a experiência direta da presença divina, também podemos aprender sobre as imagens de Deus. As ideias a respeito de Deus, as imagens de Deus, chegam a nós por meio da educação religiosa, dos meios de comunicação e à medida que aprendemos a falar e pensar. Frequentemente não há muita conexão entre a nossa experiência bem-aventurada da presença divina e as ideias ou imagens de Deus que aprendemos, especialmente quando tais imagens e ideias nos apresentam um Deus bravo, amedrontador ou potencialmente punitivo.

Muito cedo em nosso desenvolvimento começa a ocorrer uma divisão entre a nossa experiência e a nossa ideia de sagrado.

Mais tarde na vida, provavelmente muito depois de termos perdido contato com essa capacidade para a experiência direta, voltamos a procurá-la e a isso chamamos de nossa jornada espiritual ou nossa busca espiritual. Talvez por isso Jesus tenha dito que não podemos entrar no Reino de Deus – que significa essa experiência da presença de Deus – se não nos tornarmos crianças. Claro que não significa uma regressão psicológica para a idade de 3 meses, mas sim recuperar algo daquela qualidade de consciência da criança em nosso estado adulto.

A imagem de Deus que Jesus nos apresenta é totalmente compatível com a experiência de Deus que temos quando crianças. Lembrem-se de que Jesus disse que Deus "faz nascer o seu sol igualmente sobre maus e bons"[1]. Não há aqui a questão de Deus punir ou recompensar as pessoas. Deus é bom para os bons e para os pecadores. No final dessa passagem em que Jesus apresenta essa imagem do amor incondicional de Deus, que é tão difícil para nós imaginar ou acreditar mas que é a imagem cristã de Deus, Ele nos apresenta um desafio enorme. "Portanto, deveis ser perfeitos como o vosso Pai celeste é perfeito."[2]

O que significa santidade? Significa de fato de alguma forma ser como Deus ou compartilhar da natureza divina. O propósito de nossa vida é compartilhar do ser de Deus. Os primeiros pensadores cristãos diziam que Deus se tornou humano para que o humano pudesse se tornar Deus. Não é uma conformidade com uma norma moral. Santidade tem muito mais a ver com *ser* do que com *fazer*. Precisamos também compreender que a santidade é a chave para entendermos o sentido da nossa vida, da nossa experiência. Essa é a meta, é o destino último da pessoa

---

[1] *Mateus* 5, 45
[2] *Mateus* 5, 48

humana. Santidade não é apenas conformar-se às normas religiosas ou morais. Talvez a melhor maneira de entender o que significa santidade seja pensar em pessoas santas que você conhece. Há mais pessoas santas à nossa volta do que imaginamos. Mas geralmente não da forma como esperamos encontrá-las.

Se eu tivesse que procurar pessoas santas, não começaria pelos mosteiros, apesar de neles ter encontrado pessoas santas. Para entender o que vou dizer vocês terão que perguntar a si mesmos se já encontraram alguma pessoa que chamariam de santa. Santidade não significa apenas uma pessoa boa ou uma pessoa agradável. É uma pessoa que lhe dá a sensação de que, quando você está com ela, está diante de uma presença maior; você se torna mais presente a você mesmo e a Deus estando com essa pessoa; você não olha tanto para ela, mas com ela.

Talvez ainda mais difícil do que pensar em pessoas santas que vocês conhecem seja pensar em algo dentro de você que seja santo. Isso é muito mais difícil de fazer. São Bento diz que um monge não deve ser chamado de santo antes que seja santo. Isso é absolutamente verdade; nunca devemos dizer que somos santos. Há uma história muito interessante dos Padres do Deserto que ilustra essa situação. Havia um Padre do Deserto muito idoso a quem o diabo estava tentando desesperadamente corromper. O diabo tentou todo tipo de pecado que se possa imaginar: luxúria, cobiça, avareza etc. O monge resistiu a todas essas tentações sem problemas. No final o diabo pensou: *Vou tentar o orgulho*. Apareceu então para esse velho monge como um anjo de luz e disse-lhe: *Sou o Arcanjo Gabriel enviado por Deus para lhe dizer que pessoa santa e maravilhosa você é*. O velho monge olhou para o diabo e disse: *Sinto muito, acho que você se enganou, você deveria falar com o monge da cela vizinha*. Claramente o diabo foi derrotado.

Por outro lado, embora não queiramos ser chamados de santos nem pensar demais sobre isso, a santidade é um estado de consciência. Se estamos crescendo espiritualmente saberemos pelo menos que estamos melhorando. Se você medita seriamente há algum tempo começará a perceber os frutos do espírito aparecerem em sua vida, na sua personalidade. Frutos do espírito como amor, alegria, paz, autodomínio.[3] Isso não significa que você se tornará perfeitamente amoroso, ou paciente o tempo todo, ou sempre alegre. Você poderá passar por momentos ou experiências na vida em que será muito impaciente ou terá muito pouco amor, porém você terá consciência de um movimento de mudança dentro de si. Poderá não querer falar muito sobre isso, mas vai sentir interiormente. Em geral as pessoas não estão muito prontas para avaliar o crescimento da santidade divina dentro delas. Concentramo-nos muito mais em nossos erros, negatividades e autorrejeição. É importante saber que, embora não sejamos ainda santos, estamos lentamente nos tornando um pouco mais santos. Aprendemos mais a respeito da nossa santidade estando com pessoas que alcançaram um nível muito mais elevado do que nós.

Alguns anos atrás passei um mês na Índia, período no qual percebi que encontrara três pessoas santas. Uma era Bede Griffiths, um velho monge inglês que vivia há 30 anos na Índia. Ele usava hábito amarelo e vivia num *ashram*[4] cristão, mas era ainda muito inglês, um típico professor inglês. Foi um dos grandes pioneiros do diálogo inter-religioso. Depois passei algum tempo com Jean Vanier, fundador da comunidade L´Arche (Arca).

---

[3] Frutos do Espírito – vide *Gálatas* 5, 22-23

[4] *Ashram*: comunidade religiosa na tradição hindu.

É uma rede mundial de comunidades para deficientes mentais. Ele é filho de um Governador Geral do Canadá, pessoa muito inteligente, que encontrou seu sentido na vida cuidando de deficientes mentais. A terceira pessoa santa que encontrei nessa viagem foi Madre Teresa de Calcutá, uma monja baixinha, iugoslava, que encontrou Cristo nos mais pobres dentre os pobres, nos moribundos, nos abandonados de Calcutá.

Três pessoas extraordinariamente diferentes, e no entanto tinham algumas qualidades em comum. Quando você estava com elas sentia que recebia sua plena atenção. Não sentia que elas estavam pensando na próxima reunião ou que olhavam para você tentando saber se você era uma pessoa interessante ou se podiam tirar algum proveito do encontro. Dava para você sentir que elas não se enganariam caso você tentasse ser desonesto ou fizesse algum tipo de jogo com elas; elas enxergariam através de você. Também era possível sentir que, embora pudessem ver os seus erros, elas não o condenariam por isso; tinham um sentimento de compaixão espontânea. Em cada uma delas existia uma alegria e uma paz que eram energias palpáveis, perceptíveis. Apesar de certamente terem seus humores, seus bons e maus dias, essa experiência de paz e alegria era permanente nelas. Essas são algumas das qualidades que reconheceríamos como as de uma pessoa santa.

Encontrar pessoas com essa capacidade é inspirador, dá-nos a percepção de como o ser humano pode ser. É melhor do que encontrar uma pessoa raivosa, egoísta, de mentalidade es-treita ou preconceituosa. Uma pessoa santa é o que o ser humano deve ser, esse é o seu destino. Embora admiremos essas pessoas, elas não nos fazem sentir que o que são está além da nossa capacidade, porque elas conservam a qualidade de pessoa comum, de humildade. Mas seria um erro muito grande tentar imitá-las. O que todas tinham em comum, talvez mais profundamente, era o fato de serem únicas, singulares. Essa é uma das qualidades essenciais da santidade que gostaria de ressaltar.

Se queremos realizar nosso potencial humano pleno, temos de entrar na experiência da solidão. A solidão não é, como poderíamos pensar à primeira vista, retirar-se do convívio com outras pessoas para viver num eremitério ou para viver em isolamento. Todos precisamos de um certo espaço para nós mesmos. Por mais sociável que você seja, há momentos em que deseja cinco minutos consigo mesmo. Nossas necessidades, nesse aspecto, são perfeitamente saudáveis, é a necessidade psicológica de espaço e tempo sozinhos. Acho que uma das razões do alto nível de stress em nossa sociedade é o fato de as pessoas não ficarem sozinhas o suficiente. Frequentemente têm medo de estar sozinhas consigo mesmas por uma noite ou por um final de semana. Talvez por isso não se importem em ficar duas horas num congestionamento a caminho do trabalho ou da praia.

A solidão é muito mais que uma necessidade psicológica de espaço próprio. É a descoberta e a aceitação de nossa própria singularidade. Às vezes quando as pessoas começam a meditar, essa é uma experiência que as atinge muito fortemente. A experiência de estar realmente sozinho é muito desconhecida, pode ser até amedrontadora, mas se você não fugir dela, ela se transformará e você não mais ficará amedrontado; perceberá que de fato, não é uma experiência de estar realmente sozinho como parece à primeira vista, é apenas o reconhecimento de que você é o único *você* no Universo. Deveríamos talvez viver numa sociedade, numa família, numa cultura em que essa experiência fosse natural. Vivendo numa sociedade consumista como vivemos, essa experiência de singularidade, de ser único, muitas vezes é esmagada. Vivendo numa sociedade altamente sistematizada como vivemos, e tão burocrática, rapidamente nos tornamos padronizados. Até a maneira como nossa consciência é formada pela propaganda nos coloca em determinadas categorias preestabelecidas. A maneira como a propaganda atua é apelando para nossa necessidade egoísta de ser diferente, de ter mais sucesso ou ser mais bonito que os outros, ter um cheiro mais gostoso que os outros. Na verdade, o que acaba acontecendo é que parecemos e cheiramos como todos os outros.

Há uma diferença muito importante que precisamos avaliar hoje, entre ser uma pessoa e ser simplesmente um indivíduo. Um indivíduo é algo que, em última análise, pode ser substituído. Esta caneta Parker é meu tipo favorito de caneta e eu sempre a perco; quando isso acontece compro outra porque é barata, existe em qualquer lugar, até no aeroporto; todas são exatamente iguais e têm a mesma cor; é apenas um item individual. É assim que socialmente somos condicionados a pensar a respeito de nós mesmos ou a respeito das pessoas. Porém, ser uma pessoa é ser insubstituível. Ser uma pessoa é ser um elemento único num padrão universal. É na solidão que experimentamos nossa identidade pessoal. Percebemos que nunca houve e nunca haverá uma pessoa exatamente como nós. Ainda que você acredite em reencarnação ou em clonagem, você nunca será substituível.

No momento em que percebemos isso, entendemos que temos uma certa forma, uma certa identidade que deve se encaixar em algum lugar. É parte do paradoxo da santidade: assim que começamos a experimentar nossa singularidade, nossa solidão, começamos também a perceber o universal. As três pessoas santas que conheci na Índia eram, cada uma, totalmente únicas; seria tolice tentar imitá-las. O que elas poderiam inspirar a cada um de nós é ter coragem de ser quem somos. Isso poderia significar

A nova santidade: Espiritualidade para os tempos atuais e meditação

correr um grande risco na própria vida. Poderia significar para o Padre Bede por exemplo, na idade de 45 anos, deixar seu mosteiro inglês e ir viver na Índia. Ou, para Madre Teresa, estar preparada para deixar sua ordem religiosa e seguir para onde sentia que Cristo a chamava.

Todos queremos ser diferentes, mas não é tão fácil ser único. Quanto mais entramos na experiência de solidão e singularidade mais experimentamos a percepção do universal, de que somos, cada um de nós, uma peça única do grande quebra-cabeça universal. Talvez eu seja apenas uma pequena peça do céu, no canto superior esquerdo desse jogo de montar, mas se não me encaixar nesse lugar o quebra-cabeça não estará completo. Isso significa que, de uma maneira misteriosa, cada um de nós é igual em valor para todo o Universo porque a totalidade dele está em cada uma de suas partes. A pessoa santa é simplesmente a pessoa que sabe disso. É humilde o suficiente para saber onde se encaixa, qual é o seu lugar único no Universo, mas é também consciente do seu valor e do seu trabalho. Ela sabe que é de alguma maneira igual ao todo.

Isso nos leva à segunda qualidade da santidade que gostaria de ressaltar: é o sentido do universal. É também o título desta palestra, *A nova santidade*. A razão pela qual a chamo de *nova santidade* é uma frase usada por Simone Weil, uma mulher singular, uma filósofa e mística francesa que morreu em 1943 com a idade de 34 anos. Nasceu numa família francesa, judia, burguesa, muito intelectual. Seu irmão foi um dos grandes matemáticos do século 20. Muito cedo ela sentiu um grande desespero por não ser tão genial quanto ele. Ainda muito jovem, no início da adolescência, teve um de seus primeiros grandes *insights*: mesmo que nem todos tenhamos o gênio de um grande matemático ou de Einstein, cada um de nós tem a potencialidade da grandeza, simplesmente aprendendo a prestar atenção. A ideia da qualidade espiritual da atenção tornou-se um dos pontos centrais do pensamento de Simone Weil.

No início da vida ela não era uma pensadora religiosa ou espiritual. Dizia que desde cedo encarou a questão de Deus e decidiu que não poderia ser resolvida logicamente, por isso a deixaria de lado. Porém a experiência de Deus a dominou. Ela não tinha lido nenhum dos místicos e não estava absolutamente preparada para que isso acontecesse. Mais tarde essa experiência tornou-se profundamente pessoal, como uma experiência de Cristo, porém se recusou a ser batizada. Apesar de discutir muito a respeito, ela dizia que não podia ser batizada e não poderia ligar-se à instituição da Igreja, pois embora aceitasse o fato de a Igreja ser uma instituição, até certo ponto, se era de fato uma instituição, ela pertencia ao príncipe deste mundo. Simone Weil se tornou uma das grandes pensadoras cristãs místicas do mundo moderno mesmo recusando o batismo.

Ninguém está dizendo que você deve tentar imitar Simone Weil, mas ela expressa um modo muito contemporâneo de santidade e uma forma muito profética de santidade cristã. De fato, ela falava da importância de um novo tipo de santidade; dizia que seria como um riacho fresco, uma invenção, quase equivalente a uma nova revelação do Universo e do destino humano, e notem que Simone Weil não usava as palavras descuidadamente. Ela dizia que essa nova santidade significaria expor-se a uma grande parcela de verdade e de beleza que até então estivera escondida sob uma grossa camada de poeira.

O que é essa nova santidade da qual falava Simone Weil? Certamente diremos: *Bem, santidade é santidade*, como a de Madre Teresa, do Padre Bede, de Jean Vanier. Santidade é ser o seu Eu único, aquele ícone único de divindade. A nova santidade, para

Simone Weil, está associada a essa outra condição de universalidade. Ela dizia que no mundo moderno o sentido de universalidade tem de ser explícito e abrangente. Aqui vemos a diferença das formas anteriores de santidade.

São Bernardo de Claraval, místico e santo, foi também o responsável pela organização da primeira Cruzada. Até São Francisco, que é o santo predileto de todos, não organizou a Cruzada mas participou dela para tentar converter o sultão de Jerusalém. A única razão pela qual ele não foi morto é que o Sultão pensou que ele fosse louco. Ora, São Francisco de Assis era um homem de paz e não violência; não esperaríamos que ele pegasse uma espada e matasse o inimigo. Sua experiência de Deus criou uma compaixão, um sentido de unicidade com a Criação. Mas o que teria ele pensado 800 anos depois quando o Papa de Roma foi para Assis com muçulmanos, hindus, budistas, sikhs, judeus, e todos os líderes religiosos para orarem juntos pela Paz? No tempo de São Francisco os judeus eram olhados de outro modo, certamente ele não oraria com eles, e obviamente não há nenhum sentido de antissemitismo em São Francisco. Mas será que ele tinha a visão, explícita, que temos hoje da igualdade de todas as religiões do mundo? Mesmo que tivesse, como uma intuição pessoal, será que São Francisco teria ousado expressar isso?

É o que Simone Weil quer dizer com *universalidade explícita*, algo singularmente novo em nosso tempo e um sinal de que estamos vivendo um momento decisivo muito significativo na consciência humana. Nossa compreensão de santidade hoje precisa considerar esse novo sentido de unidade global. E porque isso exige uma mudança muito profunda das atitudes mentais, está gerando uma crise de crescimento na mentalidade cristã. Por exemplo, em nossas relações com as outras religiões, estamos agora aprendendo o significado do diálogo. Oficialmente a Igreja nos diz que devemos entrar em diálogo com as outras religiões, mas não há um consenso universal sobre o que significa *diálogo*. Será que diálogo significa que estamos, na verdade, tentando converter o sultão? Será isso o que Jesus quer dizer quando fala: "Ide, portanto, e fazei que todas as nações se tornem discípulos, batizando-as em nome do Pai, do Filho e do Espírito Santo?"[5] Há mil anos ou mais as pessoas tomaram essas palavras literalmente e até forçaram os povos a serem batizados. Mas se a conversão for a ordem do dia, oculta, do nosso diálogo, não poderá de fato ser chamado de diálogo.

Há um outro entendimento do diálogo, muito mais interessante e muito mais desafiador. Estar em diálogo com uma pessoa que professa outra fé significa pôr em risco o seu próprio ponto de vista, mas significa também que você está preparado para permitir que a outra pessoa chegue à sua convicção e veja a realidade a partir da posição que você a vê. Se isso acontecer, você é desafiado a ir ao ponto de vista da outra pessoa e ver a realidade do modo como ela a vê. Achamos isso muito ameaçador porque temamos perder o nosso ponto de vista agindo assim. Na verdade o que acontecerá é que não perderemos a nossa certeza ou a nossa fé, mas a veremos com esta nova visão descrita por Simone Weil: a exposição de uma grande parcela de verdade e de beleza, antes oculta sob grossa camada de poeira.

A santidade a que somos chamados hoje deve incluir essa prontidão para ver a partir do ponto de vista da outra pessoa. Esse foi o símbolo do encontro dos líderes religiosos mundiais em Assis. É apenas o começo.

---

[5] *Mateus* 28, 19

Há outros símbolos, em todo o mundo, desse novo sentido do universal. Um deles, que me ocorreu recentemente, é a foto daqueles aviões entrando no World Trade Center em Nova York.[6] Vimos as cenas exibidas e reexibidas tantas vezes na televisão. É um dos ícones atuais, uma lembrança escura do outro lado da globalização, a capacidade humana para a violência. Ao mesmo tempo, essas cenas evocaram uma reação de compaixão imediata, espontânea e universal. A força de tal compaixão foi depois dominada pelo desejo de vingança; escorregamos novamente para o antigo ciclo de violência que tem caracterizado a história humana desde o seu início. As próprias implicações universais daquelas imagens sugeriam uma possibilidade de mudar esse ciclo de violência. Se tivéssemos podido permanecer conscientes da força daquela compaixão universal por um tempo suficiente, talvez não tivéssemos caído de novo numa reação violenta.

Finalmente, tudo isso nos traz à meditação. É por meio dela que chegamos à experiência de solidão e de singularidade que mencionei. A menos que estejamos preparados para estar em quietude, provavelmente nunca teremos a experiência do nosso verdadeiro Eu. Podemos também ver a meditação à luz desse outro atributo da santidade que é a universalidade. A meditação é uma sabedoria espiritual universal, encontrada em todas as grandes tradições religiosas. Em todas as grandes religiões há um chamado para a contemplação. Se as religiões do mundo quiserem se encontrar em uma nova amizade capaz de transformar o mundo, terá que ser no plano contemplativo. Nunca encontraremos unidade completa no plano das ideias ou das culturas. Em um Seminário com o Dalai Lama alguém lhe perguntou: *Se o senhor*

---

[6] Ver nota 3 na pág. 124.

pudesse encontrar Jesus que pergunta faria a ele? O Dalai Lama respondeu imediatamente: *Eu lhe perguntaria qual é a natureza do Pai.*

Há oportunidade para um diálogo profundo entre conceitos das diversas religiões, mas as diferenças sempre vão permanecer. Como diz o Dalai Lama, as diferenças são tão importantes quanto as semelhanças. Porém nunca veremos esse sentido de irmandade e de fraternidade entre as religiões nesse nível. Só na dimensão contemplativa encontraremos o sentido de compartilharmos da mesma origem, da mesma fonte comum. Penso então que a nova forma de santidade exigirá não apenas o diálogo com outras religiões mas também a meditação em conjunto.

Talvez agora devamos nos voltar para a própria experiência da meditação. Quero lembrar a vocês de Simone Weil e sua ideia de atenção. Ela diz que quinze minutos de atenção purificam e valem o mesmo que muitas boas obras. Meditação é a prática da atenção pura. Não estamos pensando sobre Deus ou falando com Deus. Não estamos pensando sobre nós mesmos ou falando conosco mesmos. Durante o período de meditação nos movimentamos para um nível mais profundo que o pensamento, para um estado de atenção desperta. Não nos fixamos em nenhuma imagem ou ideia, mas simplesmente aprendemos a abandonar as atividades mentais que ocupam nossa mente a maior parte do tempo. Ao meditarmos, agora, descobriremos que a nossa mente está vagando pelo passado e pelo futuro; se não estivermos pensando no passado ou no futuro, estaremos simplesmente na Disneyworld.

Os Padres do Deserto, como todos os grandes mestres de meditação, advertiam sobre os perigos da fantasia. Eles recomendavam um método muito simples que chamavam de *oração pura*, a qual, na visão cristã, leva-nos à união com a oração do próprio Cristo. A oração de Cristo é simplesmente sua atenção a nós e ao

Pai, simultaneamente. Está além da nossa capacidade de imaginar mas não além da nossa capacidade de experimentar, pois essa atenção, que é a atenção divina ou o amor divino que nos atinge por meio da sua consciência, desperta-nos para o nosso caráter único. Só sabemos realmente que somos únicos quando temos consciência de que somos amados. Consagrar atenção é amar. Se você ama alguém você dedica atenção a essa pessoa, e se presta atenção em alguém você está amando essa pessoa. Esse é o trabalho que fazemos na meditação dia após dia.

Os Padres do Deserto recomendavam um método muito simples para se chegar a essa atenção. Sugeriam que se escolhesse uma única palavra ou uma frase curta que deveria ser repetida continuamente durante o período de meditação. Quando a mente vagueia pelo passado, pelo futuro ou pela Disneyworld, assim que você perceber que isso está acontecendo, volte suavemente para a sua palavra, para o seu mantra. Você diz a palavra suavemente, mas com fé. Pode escolher uma palavra que seja sagrada na sua própria tradição. O cristão por exemplo pode escolher o nome de *Jesus*, que é um mantra muito antigo, ou a palavra *Abba,* palavra que Jesus tornou santa.[7] A palavra que recomendo é *Maranatha*.

Durante o período de meditação não pensamos sobre a palavra porque abandonamos todos os pensamentos, inclusive os pensamentos santos. Deslocamo-nos dos processos pensativos da mente para a presença em nosso coração. Dizemos a palavra com atenção e fidelidade, sem pressa; também exprimimos a palavra sem desejo porque este nos manteria no reino da imaginação, e Jesus nos diz que o Reino dos Céus já está dentro

---

[7] Ver nota 7 na pág. 39.

de nós. É um método muito simples de se tornar santo, o que realmente significa chegar à atenção no momento presente.

A regra básica da postura é sempre sentar-se com as costas eretas, o mais quieto possível. A quietude do corpo ajuda a chegar à quietude da mente. Se você está sentado na cadeira ponha as plantas dos pés no chão e as mãos sobre os joelhos. Sentado na cadeira ou no chão tome cuidado para não se encurvar. Relaxe os ombros e os músculos do rosto, especialmente a testa. Sempre que a mente está ativa e ocupada com seus problemas, revelamos essa atividade contraindo os músculos da face. Simplesmente relaxando esses músculos começamos a diminuir o nível de atividade mental. Respire normalmente, regularmente, e com suavidade comece a dizer mentalmente a palavra. Escute a palavra enquanto você a repete; não lute contra os seus pensamentos, simplesmente abandone-os quando eles surgirem.

Vamos meditar por 20 minutos e finalizar com uma leitura.

Jesus disse: "Deveis ser perfeitos como o vosso Pai celeste é perfeito".[8]

Perguntas e respostas

Gostaria de saber se alguém, durante esta meditação, teve alguma experiência ou alguma visão que eu pudesse compartilhar, porque acredito que a grande maioria, como eu, não tem experiência e não experimentou nenhum sentimento especial; mas talvez haja algumas pessoas que realmente experimentaram alguma coisa interessante.

---

[8] *Mateus 5, 48*

Deixe-me dizer, inicialmente, que nesta tradição de meditação, como em muitas outras tradições, encontramos a mesma abordagem: se durante a meditação acontecer qualquer coisa desse tipo que você mencionou, o melhor a fazer é simplesmente ignorar; esse tipo de experiência acontece num nível de consciência que você está pretendendo ultrapassar. Todos os grandes mestres diriam: *Não busque esse tipo de experiência.* Mas se acontecer, deixe acontecer e siga em frente. Não é um conselho muito empolgante, mas é o melhor conselho se você quer meditar.

Algumas abordagens se referem ao fato de que somos perfeitos porque somos feitos da essência do Pai, de Deus, mas ao mesmo tempo se fala tanto em se buscar a perfeição. Não há uma contradição nessa questão da busca da perfeição, se já somos perfeitos?

Sim, essa é a tensão da vida como crescimento, a tensão de se tornar a pessoa que você já é. É também a tensão entre o tempo e a eternidade. Os escritores monásticos medievais trataram essa questão servindo-se de uma passagem do livro do Gênesis que diz que somos criados à imagem e semelhança de Deus. Eles brincaram um pouco com isso perguntando: *Qual é a diferença entre imagem e semelhança?* E diziam que a imagem de Deus está impressa no âmago da nossa identidade, mas a semelhança de Deus é algo que temos de desenvolver. São Máximo usa uma metáfora muito atraente para descrever isso. Ele diz que a criação do ser humano é Deus atuando como artista, fazendo a pintura de um retrato. A primeira coisa que o artista faz na tela é um esboço da pessoa – isso é a imagem. Depois, o artista constrói a semelhança da pessoa no retrato, todas as características peculiares do rosto da pessoa, a cor, a textura. E diz então que o momento da coroação do trabalho é quando o artista coloca o sorriso nos lábios da pessoa.

Acho que é uma boa metáfora para descrever o processo de desenvolvimento do nosso potencial na identidade que já temos. Experimentamos isso muitas vezes durante o dia quando dizemos ou fazemos alguma coisa de que imediatamente nos arrependemos. Você pensa: *Bem, esse não era realmente eu, não estava sendo verdadeiro comigo mesmo naquele momento.* O que é importante perceber é que participamos de nossa própria criação, não apenas pelas escolhas morais que fazemos, mas simplesmente pelo próprio exercício da consciência, apenas por estarmos despertos e conscientes. Esse é o mistério de ser humano. Deus cria um espaço de liberdade no qual compartilhamos com Ele nossa própria criação. Senão, todos seríamos como esta caneta.

Nesse quebra-cabeça onde cada um tem sua singularidade, o seu lugar para completar o quebra-cabeça, como o senhor vê o mal ou o pecado, o contrário da santidade?

A palavra *pecado* no Novo Testamento é *hamartia,* em grego, e significa literalmente *errar o alvo.* Por exemplo, se eu miro esta caneta para atingir você e ela atinge outra pessoa, isso seria um pecado. É uma boa imagem porque capta o sentido da virtude ou da bondade como algo que se encaixa corretamente. Idêntico à peça do jogo de montar quando se encaixa perfeitamente. Ao montar o quebra-cabeça você talvez saiba que tal peça se encaixa em tal local mas não tem certeza como, e então tenta de diferentes maneiras até que ela se encaixe. Esses são os erros que cometemos; às vezes são grandes, às vezes magoam outras pessoas, mas temos que vê-los como tentativas de chegar à perfeição, à completude. Quando você lança uma flecha para um alvo e erra, o que faz? Você não pega a flecha e a crava em você, não tenta se punir por causa disso. O desapontamento por ter errado o alvo já é punição suficiente. Santo Agostinho diz que o pecado contém sua própria punição, porque o pecado é a nossa percepção de separação de Deus. Devemos nos libertar da ideia de punir o pecado. Certamente não devemos pensar que Deus nos pune.

Então, o que é o mal? O mal é um estado de fixação num erro. É como se você tentasse colocar uma peça redonda num buraco quadrado; não vai encaixar. Você estará tentando mudar a forma do buraco. É uma recusa obsessiva de encarar a realidade, e este estado obsessivo, que na verdade é o mal, pode ser contagioso também, pode criar uma energia que se espalha para outras pessoas. Há todo tipo de mecanismo em nossa consciência que torna isso possível. Simone Weil diz que a única maneira de se lidar com o Mal é resolutamente prestar atenção ao Bem. Essa atitude posteriormente poderá quebrar o padrão obsessivo fixo do mal, e finalmente ele se esgotará, se autodestruirá, mas poderá ter causado grandes danos pelo caminho.

Penso que é muito importante começarmos a ter a ideia correta do pecado, o que limitará o crescimento do mal no mundo. Se formos capazes de ver o pecado como esse erro trágico que cometemos, será muito mais fácil perdoar. Quando alguém peca contra nós, ou nos magoa, ou usa de violência contra nós, como perdoar? Não é esquecendo ou dizendo que o fato não aconteceu. Começamos o processo do perdão compreendendo por que a pessoa agiu como agiu. Quanto mais autoconhecimento tivermos mais fácil será entendermos a motivação da outra pessoa.

Há uma outra metáfora, de Clemente de Alexandria, do século 2º. O pecado é como se Deus enviasse o ser humano para uma missão. O ser humano vai com grande entusiasmo, mas cai num fosso, fica preso e não consegue sair. Deus então envia Cristo para ajudá-lo a sair do fosso. Entretanto o ser humano não escolheu cair no fosso; ele não viu, ou não conseguiu pular. É uma maneira muito mais compassiva e sábia de entender o pecado humano. Vemos no Evangelho, em certo sentido, como Jesus é dócil com relação ao pecado, com relação aos pecados das pessoas religiosas, com relação à hipocrisia. Lembrando-nos disso talvez fique mais fácil compreender essa visão.

Nesse caminho da santidade gostaria de saber como o senhor vê a forma de julgarmos o outro, o nosso semelhante.

Há um velho ditado muito sábio dos Padres do Deserto que aprecio: *O que significa ser monge? Monge é alguém que, em tudo que faz, pergunta Quem sou? e não julga ninguém.* Uma das ideias morais mais fortes na tradição do deserto era não julgar os outros. Quando vemos que estamos constantemente julgando, percebemos o quanto é difícil não julgar. Acho que o que eles querem dizer é que não devemos condenar os outros. Podemos ver alguém agindo de maneira errada ou indesejável e ter uma percepção clara do que está fazendo, mas isso é diferente de condenar, porque só podemos fazer um julgamento completo se soubermos tudo a respeito da motivação interna da pessoa. Quando julgamos alguém, nosso julgamento se baseia muito na aparência e em nossas preferências, no que gostamos ou não gostamos. É uma boa prática espiritual flagrar-se no momento em que você está julgando alguém; de fato, você chega a um *insight*[9] mais apurado em relação aos outros, você compreende muito melhor as pessoas quando não as julga de modo condenatório. No mesmo espírito, você chega a um maior autoconhecimento, a uma maior autoconsciência. Na maioria

---

[9] *Insight*: compreensão instantânea; faculdade ou ato de ver dentro de uma situação; ato ou resultado de perceber a natureza interior das coisas ou de ver intuitivamente; discernimento.

das vezes em que julgamos e condenamos alguém é por erros que existem em nós mesmos e que não reconhecemos completamente. Quando alguém realmente nos aborrece, dizemos que é uma pessoa muito orgulhosa, muito egoísta, ciumenta. Refletindo um pouco mais poderemos ver que estamos julgando a nós mesmos.

Nós temos encarnados o pensamento, o sentimento, a fantasia, a emoção, o julgamento, a doença, o prazer, tudo isso fruto do nosso corpo. O aspecto espiritual, a graça divina que Deus distribui copiosamente sobre nós a todo momento da nossa vida, pode aumentar no momento da meditação?

Penso que o propósito dos períodos de meditação é desenvolver em nós um estado contínuo de contemplação ou de oração. Se pudéssemos estar completamente despertos e presentes o tempo todo, não precisaríamos de períodos específicos de meditação ou de oração. Mas acredito que a maioria de nós sabe quão rapidamente nos tornamos esquecidos e distraídos, quão rapidamente os estados negativos da mente podem nos dominar. Ter uma disciplina de meditação regular é muito importante para a maioria das pessoas. São momentos de maior atenção e maior presença. Esses períodos de prática têm efeito cumulativo em nossa consciência. Eles nos tornam mais presentes e mais conscientes o resto do tempo. Penso também que esses períodos aprofundam o processo em contínuo andamento de integração ou encarnação de que você falou. Notamos que nos tornamos mais integrados e mais capazes de viver no momento presente. E finalmente estaríamos continuamente nesse estado.

Ficou-me ainda uma dúvida. O senhor afirma que nós não devemos julgar. Não concordo com isso; acho que fui sempre ensinado a julgar as pessoas e as coisas, aquilo que as pessoas fazem, para que eu possa obter uma forma de vida verificando o que sinto que está errado e aquilo que está certo, para que eu possa seguir. Na realidade não devo condenar, mesmo porque ninguém de nós tem o direito de condenar. Queria saber se realmente esta é a verdade.

Sim, penso que o importante é não condenar e admitir que você nunca pode ter certeza a respeito do seu julgamento sobre outra pessoa. Nunca podemos ter certeza de não estar projetando algumas de nossas próprias ideias, de nossos próprios sentimentos na outra pessoa. Se você dissesse: *tenho 100% de certeza de que meu julgamento sobre outra pessoa está correto* seria algo muito perigoso, você seria uma pessoa muito perigosa. Se você permite essa pequena possibilidade de incerteza, isso significa não condenar. Não significa que você não possa ter opiniões ou não possa usar o seu bom senso.

Certa vez eu estava num ônibus em Roma e vi alguém enfiar a mão na bolsa de uma pessoa e tirar a carteira. Eu disse: *Desculpe, acho que o senhor está roubando.* Eu fiz um julgamento, e pela rapidez com que ele desapareceu acho que eu estava certo. Mas isso é diferente de condená-lo. Talvez ele fosse viciado em drogas ou tivesse uma criança faminta para alimentar; há muitas razões que desconheço para ele ter feito o que fez.

Concordo com essa ideia perfeitamente, mas a minha observação é que preciso julgar, tenho que julgar para que eu saiba o que é certo e o que é errado. Tenho, por exemplo, que votar num candidato à presidência da República; tenho que julgar cada candidato para saber qual é o melhor.

Se você estiver absolutamente certo a respeito do candidato em quem votar, você é um homem de sorte!

A tradição cristã da meditação

Dividiremos nosso encontro em três partes: a palestra, um período prático de meditação e um período para perguntas e discussão. A prática será o período mais importante, uma vez que aprendemos mais sobre meditação com meia hora de prática que por meio de palestras. Certamente todos sabem disso; acredito que muitos já tenham tido experiências verdadeiras de meditação, talvez em diferentes tradições. A meditação é uma prática espiritual universal encontrada em todas as grandes tradições religiosas. Muitos cristãos não têm conhecimento da existência da meditação na sua própria tradição cristã. O que vou apresentar é uma visão geral dessa tradição.

Muitos cristãos no mundo todo têm uma concepção errada de meditação. Pensam que não é uma forma cristã de oração, mas algo importado do Oriente, do hinduísmo ou do budismo. Isso revela ignorância da sua própria tradição, que tentarei esclarecer mostrando que há, de fato, uma tradição cristã histórica e teológica.

Outro engano que também ocorre é a ideia de que a meditação é egoísta, uma prática egocentrada. Muitos cristãos dizem que o mundo sofre com violência, pobreza, fome e que deveríamos fazer algum trabalho prático para melhorá-lo. Simplesmente meditar e preocupar-se com a própria espiritualidade é uma atitude egoísta. No entanto, quando se passa a ter uma prática meditativa séria, disciplinada, percebe-se que é o ato menos egoísta que alguém poderia praticar.

Outro engano muito comum é considerar perigosa a meditação, e que no momento em que silencia e se interioriza, você abre sua mente e o diabo poderá entrar. Posso entender por que algumas pessoas têm essas ideias. Quando você medita, desperta algumas forças de repressão que existem em sua mente, na sua psique, e alguns sentimentos negativos podem vir à tona, como raiva, tristeza e sentimentos de violência. Muitas pessoas então interpretam erroneamente esse processo como se o diabo estivesse entrando, quando na verdade ele está saindo.

Esses erros são muito comuns no ambiente cristão devido à ignorância a respeito da nossa própria tradição. Aqui na cidade de São Paulo por exemplo, podemos ter uma formação universitária sofisticada e a oportunidade de conhecer diferentes tradições. Mas realizando uma palestra em uma cidade do interior de São Paulo fiquei surpreso ao descobrir que os padres de lá insistem em que seus paroquianos prometam sobre a Bíblia que jamais praticarão ioga. Em uma palestra dada na Câmara Municipal, estava presente um padre que se mostrou bastante desconfiado por eu falar sobre meditação cristã em um local que não era uma igreja. Após uma conversa consegui convencê-lo de que o que eu iria fazer era, de qualquer forma, um trabalho de Deus.

Quero dizer com isto que há grande necessidade das pessoas se conscientizarem de que, em primeiro lugar, a meditação é uma tradição espiritual universal e que abre um terreno comum, uma base comum para o diálogo entre as grandes religiões. Não é possível entrar num diálogo inter-religioso sério, significativo, se não conhecermos nossa própria tradição, se não tivermos nossa própria identidade.

A tradição cristã da meditação

O que mais aprendi nos encontros com o Dalai Lama foi o verdadeiro significado do diálogo. O primeiro nível do diálogo é simplesmente conversar com a outra pessoa e trocar informações a respeito dos nossos sistemas de crenças. Mas precisamos fazer algo mais se quisermos aprofundar o diálogo e criar uma amizade que poderá realmente levar a uma nova consciência espiritual no mundo. O que devemos fazer, como diz bem o Dalai Lama, é nos colocar no lugar da outra pessoa e ver a realidade a partir do seu ponto de vista. É também uma forma muito boa de lidar com os conflitos que se possa ter com o marido, com a mulher e com os filhos.

Há alguns anos me encontrei com o Dalai Lama em Bodhgaya, na Índia, e ele presenteou nossa comunidade – a Comunidade Mundial de Meditação Cristã – com uma linda *tangka*[1]. Antes de eu abri-la, o Dalai Lama me perguntou: *Qual você acha que é o tema desta pintura?* Pensei que se tratasse de uma pintura do Buda, da Roda do Dharma, algum tema tipicamente budista e tibetano. No entanto quando abri, vi que era uma pintura do nascimento de Jesus, a cena da Natividade pintada em estilo tibetano. Em lugar de nossos conhecidos bois, vacas e burricos, em volta da manjedoura havia iaques[2].

Ser capaz de se colocar no imaginário simbólico e intelectual da pessoa com quem você dialoga é a verdadeira meta do diálogo. Mas só poderá fazer isso se tiver muita firmeza na sua própria identidade. Caso contrário provavelmente terá medo de se perder ao se colocar no ponto de vista da outra pessoa. É

---

[1] Arte tibetana de pintura em tecido.
[2] Bois selvagens das regiões glaciais e desérticas do Tibete.

por isso que os fundamentalistas – sejam cristãos, budistas, muçulmanos ou hindus – temem o diálogo. Eles defendem sua identidade tão fortemente porque, na verdade, têm medo de perdê-la.

Para fortalecer nossa identidade precisamos conhecer nossa própria tradição, a tradição viva na qual nossa fé e nossa prática estão fundamentadas. Meu mestre, John Main, costumava dizer que toda vez que você se senta para meditar está entrando em uma tradição viva. E a pergunta é: *Você sabe qual é a tradição na qual está entrando quando medita?* É a tradição humana universal, e também a tradição cristã.

No século 14, na Inglaterra, um monge anônimo escreveu um pequeno livro sobre meditação cristã chamado *A nuvem do não saber*. Foi escrito na forma de uma carta para um jovem monge que pretendia ingressar numa forma mais fechada e contemplativa de vida monástica. Nesse livro o autor descreve a teoria e a prática simples da meditação, que é parte da tradição que remonta ao início da Igreja.

Logo no início do livro o autor alerta o leitor a tomar cuidado com a leitura antes de prosseguir. Diz que o livro só poderá ser compreendido por pessoas que estiverem num determinado estágio da sua jornada espiritual; por isso não deveria estar disponível para qualquer pessoa pois poderia ser mal interpretado, mal compreendido.

No entanto apesar desse alerta, hoje o livro pode ser encontrado em qualquer livraria, em diferentes edições. Ocorre que a tradição que a Idade Média considerava esotérica tornou-se completamente aberta e popular. Um dos sinais da tradição viva é que ela muda, apesar de permanecer a mesma. A que tradição então pertence *A nuvem do não saber?* Podemos chamá-la de tradição cristã apofática de oração e teologia. Vou explicar.

A tradição cristã da meditação

Há duas abordagens principais do mistério de Deus na tradição cristã: uma é *apofática* e a outra é *catafática*. A tradição catafática é mais conhecida na Igreja do Ocidente. É a abordagem na qual dizemos coisas a respeito de Deus e criamos imagens de Deus. Escrevemos catecismos, teologia dogmática, definindo nossas ideias e imagens de Deus. Essa abordagem catafática tem naturalmente suas limitações, porque justamente uma das coisas que afirmamos é que Deus é maior que a nossa imaginação e a nossa razão. Deus é transcendente. *A nuvem do não saber* apresenta isso de maneira muito simples e bonita: *O acesso a Deus não se faz pelo pensamento, reflexões, discursos, e sim pelo silêncio. Deus está além de nossas palavras e de todas as nossas tentativas intelectuais.*

No entanto há coisas que podem ser ditas a respeito de Deus e que ajudam em nossa jornada espiritual. Porém se nos esquecermos de que Deus é transcendente, nossas definições sobre Ele serão ideias dogmáticas, podendo se tornar prisões criadas por nós mesmos. Por exemplo, o padre com quem conversei naquela cidade do interior de São Paulo, que citei anteriormente, era uma pessoa muito bem treinada na abordagem catafática de Deus, em liturgia da Igreja etc., mas certamente ele não recebeu um bom treinamento na abordagem apofática durante os seus anos de seminário. A abordagem apofática de Deus reconhece o fato de que Ele é um mistério além da nossa imaginação, da nossa capacidade de raciocínio e de compreensão.

Os maiores mestres cristãos da História aceitaram essas duas abordagens como necessárias. Santo Agostinho, que escreveu muitas coisas dogmáticas sobre Deus, também disse que *se você pode compreender, então não é Deus.*

A meditação e toda a tradição mística do cristianismo pertencem à abordagem apofática. O catecismo que aprendemos na escola, as estruturas da Igreja, pertencem essencialmente à abordagem catafática. É esse paradoxo entre a abordagem apofática e a catafática que está no coração de todo conhecimento espiritual. Nas *Upanishads*[3] por exemplo, diz-se que a pessoa que conhece não fala e a pessoa que fala não conhece. Karl Rahner, grande teólogo cristão do século 20 diz que *o transcendente permanece, necessariamente, o horizonte inescapável e sempre aberto de qualquer sociedade que se queira realmente humana.*

A nuvem do não saber frequentemente se refere a um escritor espiritual cristão que viveu no século 6° chamado Dionísio. Dionísio escreveu várias obras, entre elas *Os nomes divinos*. Ele representa a grande cristianização do pensamento grego. Há de fato uma grande integração cristã do misticismo indo-europeu. Uma de suas ideias centrais é o movimento dual de Deus em relação ao ser humano. Há o movimento descendente de Deus em direção ao humano por meio das energias, das epifanias de Deus – seria a dimensão catafática –, quando nos tornamos conscientes da presença de Deus e da Sua natureza por meio de sinais e experiências. Se tivermos os olhos bem abertos, tudo é manifestação de Deus no mundo dos sinais. Mas há outro movimento no qual o ser humano começa a se dirigir para Deus, a ser absorvido na natureza divina. Nesse movimento ascendente – o movimento apofático – o intelecto é transcendido. Sabemos que algo está acontecendo, que estamos mudando, mas não conseguimos conceituar ou compreender isso plenamente. No entendimento cristão, esse é o processo de divinização.

---

[3] Textos escritos por sábios da Índia entre os séculos 8° e 4° a.C.; são a base da filosofia Vedanta; constituem os ensinamentos dos sábios sobre a experiência mística; como parte dos Vedas, as *Upanishads* são consideradas escrituras reveladas.

Provavelmente isso tudo poderá soar um pouco estranho para o meu amigo padre do interior de São Paulo com quem conversei, mas de fato é algo que encontramos no ensinamento de Jesus. A tradição cristã da meditação tem – e precisa ter – suas raízes no próprio ensinamento de Jesus. Encontramos no ensinamento de Jesus, especialmente no Evangelho de João, este paradoxo entre a abordagem apofática e a catafática. Lembremo-nos de que todo o entendimento cristão da natureza de Jesus reside nesse movimento dual de Deus: Deus descendo a nós e o nosso retorno a Deus. A identidade especial de Jesus é o fato de que Ele sabe, como diz no Evangelho de João: "...sei de onde venho e para onde vou".[4] Ele diz ainda que compartilha conosco tudo aquilo que aprendeu do Pai: "...tudo o que ouvi de meu Pai vos dei a conhecer".[5] Diz também: "Não que alguém tenha visto o Pai; só aquele que vem de junto de Deus viu o Pai".[6] Esse é um ensinamento puramente apofático. Ao mesmo tempo Jesus diz: "Quem me vê, vê o Pai"[7], uma abordagem puramente catafática.

Esse paradoxo entre o movimento descendente de Deus em direção a nós e o nosso retorno a Deus em Cristo é expresso no ensinamento de Jesus sobre a oração. A segunda fase do ciclo, ou seja, nosso movimento em direção a Deus no processo de divinização, é a parte maior e mais importante do ciclo. Por isso os primeiros mestres cristãos repetiram tantas vezes que Deus se tornou ser humano para que o humano pudesse se tornar Deus. É por isso também que no ensinamento espiritual de Jesus encontramos a abordagem apofática da oração tão

---

[4] *João* 8, 14
[5] *João* 15, 15
[6] *João* 6, 46
[7] *João* 14, 9

enfatizada. Os capítulos 5 e 6 do Evangelho de São Mateus descrevem claramente a abordagem apofática da oração, o que significa, em linguagem simples, que Jesus foi um mestre da meditação; ou, talvez mais precisamente, poderíamos dizer que Jesus foi um mestre da contemplação. Penso que podemos dizer que a meditação é a prática que fazemos para entrar no estado de contemplação.

Quando perguntaram a Jesus a respeito da oração Ele não disse: *você deve ir à sinagoga todas as semanas, ouvir e obedecer o que o rabino disser, e colocar algum dinheiro na caixa de coleta*. Ele não disse isso porque sabia que as pessoas iriam à sinagoga de qualquer jeito e provavelmente tinham medo dos rabinos. O que Jesus nos diz é para tomar muito cuidado com as formas exteriores de religião. As únicas pessoas com quem Jesus realmente se irritou foram as religiosas, os religiosos hipócritas. Jesus não condenou as prostitutas nem os coletores de impostos ou os pecadores; Ele condenou os líderes religiosos.

O que Jesus nos ensina a respeito da oração?

A primeira coisa que nos diz é para entrarmos em nosso quarto interior, ou seja, em nosso coração. Depois nos diz para diminuirmos o número de palavras que usamos na oração: "Nas vossas orações não useis de vãs repetições, como os gentios, porque imaginam que é pelo palavreado excessivo que serão ouvidos".[8] Jesus também nos diz para desenvolvermos um espírito de confiança e não identificarmos a oração apenas com pedidos a Deus. Uma pesquisa recente feita nos Estados Unidos sobre a prática da oração concluiu que é maior o número de pessoas que rezam que o número de pessoas que realmente

---

[8] *Mateus 6, 7*

acreditam em Deus. Isso significa que se você está muito doente, perde o emprego, ou o casamento vai mal, você começa a rezar pedindo ajuda de alguém, em algum lugar. Jesus não diz que não podemos pedir a Deus aquilo de que precisamos, mas que não é necessário. Diz também para nos livrarmos da preocupação e da ansiedade que constantemente ocupam nossa mente. Ensina que não devemos nos preocupar com as necessidades materiais ou com os problemas: "...vosso Pai celeste sabe que tendes necessidade de todas essas coisas. Buscai, em primeiro lugar, o Reino de Deus e sua justiça, e todas essas coisas vos serão acrescentadas".[9] Em outras palavras, devemos começar a desenvolver uma mente tranquila e ser capazes de manter nossa atenção focada em um só ponto. Por fim Jesus nos diz: "Não vos preocupeis portanto com o dia de amanhã, pois o dia de amanhã se preocupará consigo mesmo. A cada dia basta o seu mal".[10] Ou seja, viva o momento presente.

Tudo isso está no capítulo 6 do Evangelho de São Mateus. Esses ensinamentos de Jesus são evidentemente os elementos essenciais da contemplação. Por isso eu disse que Jesus foi um mestre da contemplação.

Nos dois primeiros séculos que se seguiram à morte de Jesus, seus discípulos, os primeiros cristãos, procuraram formas de colocar seus ensinamentos em prática. Por esse motivo encontramos grande ênfase na dimensão mística do Evangelho nos primeiros escritores cristãos. Há mais ênfase no misticismo do Evangelho que na moralidade da vida cristã. De fato uma vida boa, moral era vista simplesmente como a condição necessária

---

[9] *Mateus* 6, 32-33

[10] *Mateus* 6, 34

para uma vida contemplativa. Santo Irineu, século 2°, diz que nunca poderemos perceber Deus como um objeto; só poderemos conhecer Deus entrando no próprio autoconhecimento de Deus. Santo Inácio de Antioquia afirma que se não pudermos compreender o silêncio de Cristo nunca poderemos compreender suas palavras.

Essa era a ênfase dos primeiros ensinamentos cristãos até que a Igreja se tornou uma instituição imperial no século 4°, a partir da estrutura civil da sociedade, e a dimensão apofática ou contemplativa foi sendo posta cada vez mais à margem da vida cristã. É nesse período que começa o movimento monástico cristão, cujo fundador místico foi Santo Antão do Deserto. Assim como hoje as pessoas vão à Ásia em busca de seus gurus ou de ensinamento espiritual, naquela época se retiravam para o deserto do Egito para melhor viver sua espiritualidade. Os Padres do Deserto, que foram os primeiros monges cristãos do século 4°, representaram um notável desabrochar de espiritualidade cristã.

João Cassiano foi um monge que viveu muitos anos no deserto e trouxe para a Europa a sabedoria aprendida com seus mestres; fundou um mosteiro em Marselha, na França. Cassiano registrou os ensinamentos recebidos dos Padres do Deserto na forma de 24 *Conferências*. Nas Conferências 9 e 10 ele aborda a questão prática da oração. Na Conferência 9 ele fala sobre as várias formas de oração, as várias formas que temos de orar, e diz que essas formas nos levam numa certa direção, conduzem-nos a um determinado objetivo. O objetivo da oração, no entendimento cristão, é a contemplação. Cassiano faz uma bonita descrição da oração mas não nos ensina o método para alcançar tal objetivo. É na Conferência 10 que Cassiano ensina como orar. Ele previne então que o maior obstáculo que encontramos para entrar em contemplação é nossa própria mente, que vive em estado de distração crônica.

Os Padres do Deserto ficaram tão chocados ao constatar o estado de distração das suas mentes que identificaram essa distração com o pecado original. Pensavam que havia algo fundamentalmente inexato a respeito da condição humana porque a coisa mais natural para o ser humano seria prestar atenção a Deus e, no entanto, isso se comprova ser sempre muito difícil. Esses monges do deserto eram pessoas muito práticas. Não estavam interessados apenas em analisar o problema, mas queriam encontrar a solução para ele.

Esta é a solução que eles oferecem e que Cassiano nos relata: para levar a mente a um estado de atenção focada em um único ponto, a pessoa deve escolher uma única palavra ou uma frase curta, sagrada, em sua tradição. Em latim Cassiano chamou-a de *formula*; podemos também chamá-la de *mantra*. Ele recomenda que se escolha um determinado versículo dos Salmos, que deve ser repetido continuamente na mente e no coração. Cassiano descreve então os vários estados mentais que podem surgir durante essa prática. Ao descrever esses estados mentais ou de distração, ele insiste: continue a repetir a palavra.

Muitos de vocês certamente serão capazes de reconhecer este método de meditação como muito semelhante ao método do mantra da tradição hinduísta ou oriental em geral. Mas em Cassiano o método é descrito em termos da teologia e das Escrituras cristãs. Ele diz por exemplo que pela repetição contínua da *formula* ou do *mantra* chega-se à pobreza de espírito. Que não significa um estado negativo de perda, mas sim um estado de desapego. Lembremo-nos de que Jesus disse que a pobreza de espírito é a pré-condição para o Reino de Deus, é a primeira bem-aventurança. Cassiano também diz que, como resultado dessa prática de oração pura, desenvolvemos uma inteligência espiritual que nos permite ler as Escrituras no seu mais profundo significado. Chamou-a de *oração pura* porque está purificada de quaisquer ideias ou imagens, é oração apofática pura. Trata-se exatamente do mesmo método de meditação que *A nuvem do não saber* descreve mil anos depois.

Para concluir vou avançar alguns séculos e chegar ao meu mestre, John Main. Ele nasceu na Inglaterra, de família irlandesa, em 1926. Nasceu e foi criado como católico. Depois da guerra tornou-se diplomata e foi enviado para a Malásia. Lá conheceu um *swami* indiano, um monge, que o impressionou muito pela sua santidade e por seu espírito de compaixão e serviço. Um dia, conversando com esse monge, eles falaram de oração e o monge perguntou a John Main se ele rezava. John Main respondeu: *Sim, eu rezo, sou católico*, e descreveu basicamente a forma catafática de oração que praticava e que a maioria de nós aprendeu quando criança, a oração com palavras. O monge ouviu com muito respeito e disse: *Nós praticamos uma outra forma de oração, que está centrada no coração e não na cabeça; chamamos essa oração de meditação, nela abandonamos todas as palavras e pensamentos e entramos no silêncio da mente e do coração.*

John Main ficou muito curioso e perguntou ao monge como se rezava dessa forma. O monge respondeu: *Você escolhe uma palavra sagrada, um mantra, e o repete sem cessar na mente e no coração.* John Main sentiu-se muito atraído e perguntou ao monge se lhe seria possível, como cristão, aprender a meditar dessa forma. Como bom hindu, o monge disse: *Claro, não tem problema!*

[Certa vez entrei numa loja de um indiano em Dharamsala, repleta de imagens de Buda que o homem conhecia muito bem. Perguntei-lhe: *Você é budista?* Ele respondeu: *Sim, sou hindu!*]

Voltando ao monge, ele deu a John Main um mantra cristão e lhe disse que só poderia ensiná-lo a meditar se ele levasse a prática a sério, isto é, deveria meditar todas as manhãs antes de ir para o trabalho, e à noite. O monge acrescentou que eles poderiam se encontrar semanalmente para meditar juntos e conversar a respeito da prática. John Main estava realmente interessado e integrou essa prática da meditação às suas outras formas de oração cristã.

John Main continuou a meditar segundo os ensinamentos do *swami* ao voltar para a Europa, até se tornar monge beneditino na Inglaterra em 1958. Quando ingressou no mosteiro, seu mestre de noviços, provavelmente um antepassado do padre daquela cidade do interior de São Paulo, proibiu-o de continuar praticando a meditação na forma como vinha fazendo, porque não era cristã. Nos anos 50 os monges ainda eram obedientes; hoje não somos mais, mas naquela época ainda éramos. John Main abandonou então a prática da meditação, que para ele tornara-se o verdadeiro fundamento da vida espiritual.

Alguns anos mais tarde, refletindo sobre a crise da Igreja, a crise da vida monástica e da sociedade em geral, John Main recomeçou a ler os ensinamentos dos Padres do Deserto. Na verdade, estava tentando ajudar um jovem que procurava um caminho espiritual, e isso o levou a ler João Cassiano. Ao ler a Conferência número 10 de Cassiano, John Main reconheceu o mantra na tradição cristã, aquilo que ele tinha aprendido anos antes na Ásia, a tradição universal da meditação. Ele teve a sensação de estar voltando para casa. Retomou a prática meditativa e logo fundou o primeiro centro de meditação cristã em seu mosteiro, em Londres.

Em 1977, após ter ingressado nesse mesmo mosteiro, fui ao Canadá com John Main, que recebera um convite do

Arcebispo de Montreal para formar lá uma pequena comunidade beneditina de monges e de leigos, dedicada especificamente à prática da meditação cristã – o Priorado Beneditino de Montreal. Muitos grupos de meditação aí se reuniam semanalmente para receber instrução e para meditar. O objetivo do encontro semanal desses grupos era ajudar as pessoas a perseverar em sua prática individual diária. Uma das importantes percepções de John Main a respeito dessa antiga tradição é que a prática da meditação cria comunidade. Pode-se ver então como a tradição se desenvolve e se amplia embora permaneça a mesma. John Main morreu em 1982, aos 56 anos, mas seu trabalho continuou se desenvolvendo e se transformou na comunidade mundial chamada Comunidade Mundial de Meditação Cristã, com sede em Londres. No coração dessa comunidade está essa antiga tradição de oração cristã.

Posso resumir tudo o que disse até agora em três palavras: *Repita seu mantra*. John Main diria: *É simples, mas não é fácil; porém é muito poderoso*. É poderoso na transformação que opera em você como pessoa, no seu processo de integração, e é poderoso também na forma como abre um espírito de diálogo e amizade com outras tradições.

Essa antiga tradição, em sua nova forma, em sua nova manifestação, oferece em nossos dias uma grande esperança para a Igreja e para o mundo. Em primeiro lugar, para a Igreja. O Papa Paulo VI, no encerramento do Concílio Vaticano II, disse que a implementação do espírito do Concílio necessitava de um laicato contemplativo, de leigos que praticassem a oração contemplativa.

Karl Rahner, o teólogo que mencionei anteriormente, disse que *o cristão do futuro será um místico ou não será nada*.

O cristianismo enfrenta hoje dois grandes desafios que são, ao mesmo tempo, oportunidades. Um é a redescoberta e a prática da sua própria tradição contemplativa. Isso significa, talvez, ensinar as crianças a meditar desde pequeninas, e para tanto nossa Comunidade está desenvolvendo um projeto para ensinar crianças a meditar. Outro grande desafio que o cristianismo tem pela frente é a busca do diálogo e da amizade com outras religiões. A natureza desses desafios obriga-nos a examinar a natureza da própria Igreja, porque tais desafios não podem ser enfrentados apenas pela Igreja como instituição, só podendo ser enfrentados pela Igreja como corpo místico ou espiritual. Em outras palavras, depende de cada um de nós.

Os Padres do Deserto costumavam falar do demônio do meio-dia, aquele demônio que nos ataca no meio da tarde e nos faz ficar completamente desinteressados da vida espiritual; geralmente nos faz dormir no meio de uma palestra...

Esta é a parte mais importante do nosso encontro; vamos ter um período de prática de meditação. A primeira coisa a lembrar a respeito da meditação é que se trata de uma experiência da pessoa toda: corpo, mente e espírito. Em termos cristãos, a meditação é uma forma muito enraizada de oração.

A fim de nos prepararmos para a meditação, talvez seja bom nos levantarmos um pouco. Fiquem em pé por alguns momentos, eretos e quietos, relaxem os ombros, deixem que os braços caiam ao longo do corpo e sintam-se enraizados no chão pela força da gravidade. Imaginem que estão sendo puxados para a terra pelos calcanhares. Ao mesmo tempo alonguem-se para cima, mantenham os ombros relaxados e também relaxem os músculos da face, a testa, o maxilar. Tomem consciência do centro do seu ser, não na cabeça, mas no coração. Para ajudar essa centralização, fiquem atentos à respiração enquanto inspiram e expiram.

John Main costumava dizer que a meditação é tão natural para o espírito quanto a respiração o é para o corpo. A respiração é um grande mestre, ensina-nos a aceitar o dom da vida e também a deixá-lo. Cada vez que inspiramos, é o dom da vida que inspiramos, mas não podemos retê-lo, precisamos soltá-lo. É isso exatamente o que fazemos todas as vezes que meditamos. Praticamos a autoaceitação e o desapego. O primeiro passo de qualquer jornada espiritual é aceitar-se amorosamente como você é. À medida que você observa a respiração, desligue-se dos seus pensamentos e sentimentos. Durante a meditação não lutamos com nossos pensamentos ou sentimentos, simplesmente os deixamos passar.

Vamos nos sentar agora. A postura básica é sentar-se com as costas eretas. Coloque os dois pés no chão, as mãos sobre os joelhos, relaxe os ombros, feche os olhos com suavidade, respire e mentalmente comece a repetir a sua palavra ou mantra. Escolher a palavra é importante porque você vai repeti-la durante todo o período da meditação. Não mude de palavra no decorrer da meditação, repita sempre a mesma. Escolha uma palavra que seja sagrada na sua própria tradição, por exemplo o nome de *Jesus*, que é um mantra cristão muito antigo. A palavra que pessoalmente recomendo é *Maranatha*. Mas não pensamos no significado da palavra enquanto a repetimos. Abandonamos todos os pensamentos, mesmo os bons. Nós nos movimentamos dos pensamentos para o silêncio, da mente para o coração. Se escolher a palavra *Maranatha*, repita-a vagarosamente, em quatro sílabas bem separadas, MA-RA-NA-THA. Repita a palavra com clareza, em sua mente e seu coração, em silêncio e quietude. Ouça a palavra enquanto a repete e lhe dê plena atenção. Quando você se distrair, com simplicidade e humildade retorne à palavra. A arte da meditação é voltar constantemente à palavra.

Vamos meditar por 20 minutos e finalizar com uma leitura.

Ouçamos as palavras de Jesus no Evangelho de São Lucas.

Interrogado pelos fariseus sobre quando chegaria o Reino de Deus, respondeu-lhes: A vinda do Reino de Deus não é observável. Não se poderá dizer: Ei-lo aqui! Ei-lo ali!, pois eis que o Reino de Deus está no meio de vós.[11]

Perguntas e respostas

Existe algum dado indicativo de que a meditação cristã está sendo cada vez mais reconhecida pela Igreja Católica? Tal prática, algum dia, poderá ser anexada ao Catecismo católico?

Hoje mesmo respondi a um e-mail de um bispo da Austrá-lia que tem dado grande apoio ao ensino da meditação há vários anos em sua Diocese. Ele me contou que promoveu recentemente uma conferência sobre espiritualidade e a pessoa que deveria ensinar a prática da meditação cristã não pôde comparecer, então ele mesmo o fez. Outro arcebispo me disse que gostaria de ver um grupo de meditação cristã em cada paróquia de sua Diocese.

Penso que nos últimos dois anos houve grande aumento do apoio de bispos ao ensino da meditação em todo o mundo. Cada vez mais os bispos têm se conscientizado de que as verdadeiras necessidades das pessoas são de natureza espiritual e que a meditação é parte integrante da tradição católica. Mas creio também que os verdadeiros mestres de meditação serão os leigos. No ano passado durante minha visita ao Brasil realizou-se

---

[11] *Lucas* 17, 20-21

um Curso para Formação de Instrutores de Meditação em João Pessoa, Paraíba, apoiado pela Diocese local. Dois anos antes foi realizado um Curso como esse em Vinhedo, São Paulo.

Quanto ao Catecismo, existe uma seção muito boa sobre oração. Como é de esperar, a ênfase maior é na abordagem catafática, na oração devocional ou mental. Mas há também um claro reconhecimento da abordagem apofática ou dimensão contemplativa da oração.

Não me preocuparia muito com as declarações que às vezes se lê nos jornais, de autoridades de Roma que são extremamente críticas a respeito de qualquer inovação ou do diálogo inter-religioso. Essas declarações frequentemente representam um espírito de medo e negatividade, menos uma atitude de coragem cristã. Não acho que reflita o verdadeiro espírito da atual Igreja Católica.

Gostaria de ouvir um pouco mais a respeito da Décima Conferência de João Cassiano, em que ele ensina como praticar a meditação.

Bem, a Conferência 10 inicia-se com uma descrição da controvérsia teológica entre os próprios monges do deserto no final do século 4º. É o que João Cassiano chama de *heresia antropomórfica*. É a heresia na qual criamos Deus segundo nossa própria imagem, mentalmente. Cassiano descreve um grupo de monges que praticava a forma apofática de oração pura e narra uma pequena história muito simples e muito bonita que capta bem o espírito do ensinamento.

Esse grupo de monges meditantes convenceu um velho monge do deserto de que ele não precisava continuar rezando para um Deus que imaginava em sua cabeça. Ele poderia ultrapassar as imagens e entrar na experiência de pura presença. Reuniram-se então com o velho monge para meditar juntos dessa maneira. No transcorrer da meditação o velho monge caiu no chão debulhado em lágrimas, e gritava: *Tiraram o meu Deus de mim e não sei para quem rezar!*

É uma historieta bonita porque expressa o que as pessoas religiosas têm de experimentar se quiserem mudar para a dimensão contemplativa da oração. É por isso que Mestre Eckhart, no século 13, dizia: "Eis pois que rezo a Deus que me livre de Deus, pois meu ser essencial está acima de Deus" e São Gregório de Nissa, no século 4º, dizia que "toda imagem de Deus é um ídolo". O final da história é que os outros monges consolaram o velho pela dor que ele estava sentindo e o acolheram de volta ao seu círculo de oração. Revela então a experiência de perda que uma pessoa religiosa terá que viver se quiser aprender a meditar dessa forma.

Em geral as pessoas religiosas são as que encontram mais dificuldade em entender o que é realmente a meditação. Às vezes é mais fácil ensinar meditação para um ateu. É por isso que alguns dos Padres do Deserto diziam que era melhor para eles tentar pregar o Evangelho não para as pessoas "mornas", mas para as pessoas "frias". O outro significado da história é a importância da força e do apoio da comunidade.

A Conferência 10 começa com a controvérsia ilustrada por essa pequena história e prossegue descrevendo o estado distraído da mente. Cassiano recomenda o uso do mantra e insiste na sua repetição contínua. Ele diz: Com o tempo você vai descobrir que estará falando o mantra desde que acorda de manhã até ir para a cama à noite. Isso nos levará, mais tarde, à tradição hesicasta da Igreja do Oriente, à também chamada *oração de Jesus*.

João Cassiano diz ainda que, à primeira vista, pensamos ser um método fácil de oração mas logo percebemos que é muito mais difícil do que as outras formas de oração que praticávamos anteriormente, deixando a mente vagar em todas as direções. E passa a enumerar os benefícios que auferiu por meio dessa prática. Enfatiza ainda a simplicidade da prática, que a torna disponível para qualquer tipo de pessoa.

A respeito da dificuldade da prática, o Dalai Lama – que pratica muitas formas de oração, devoção e meditação – disse-me que a meditação focada em um único ponto, como é o caso da meditação cristã, é a mais difícil para ele. Devemos então estar conscientes de que essa é uma disciplina meditativa simples, mas não é fácil, e de que precisamos apoiá-la em outras práticas e contar com o apoio da comunidade ou grupo de que fazemos parte.

Quando o velho monge diz "Perdi meu Deus", quer dizer que houve uma fusão dele com Deus?

Não. Provavelmente ocorreu o que São João da Cruz, místico do século 16, chamaria de *o início da noite dos sentidos*. Ele é muito enfático quanto à necessidade de se ir além do nível devocional e de consolação religiosa. Há uma passagem muito forte em um de seus escritos, na qual diz que precisamos nos livrar de todas as nossas quinquilharias, crucifixos, medalhas, correntes etc. E São João da Cruz é um Doutor da Igreja! Jamais ouvi padre nenhum falar isso no púlpito! O que ele diz é que essa atitude é necessária para o primeiro estágio da jornada espiritual cristã e naturalmente você chegará ao ponto em que vai querer se aprofundar no mistério de Cristo. É mais ou menos como quando a mãe começa a desmamar a criança. É um momento doloroso, mas tem que acontecer. Nesse estágio você se move em direção à *noite dos sentidos*, ou seja, seus sentidos espirituais se sentem destituídos daquilo que desfrutavam até então. Mas você está preparado para aceitar essa *noite dos sentidos* porque percebe que algo melhor está acontecendo.

O que aconteceu com o velho monge ocorre com as pessoas comuns. Elas chegam a esse estágio inicial da oração contemplativa e encontram certa dificuldade, certa resistência. Procuram um padre e lhe dizem que estão tendo problemas com a oração. Se esse padre não conhecer a etapa seguinte desse tipo de oração, provavelmente recomendará que a pessoa volte a fazer o que fazia antes. Ou poderá dizer: *é o demônio que está tentando você; volte a rezar o terço e assista missa duas ou três vezes por dia!*

O que precisamos na Igreja são mestres com maturidade espiritual. O Espírito Santo está fazendo surgir tais mestres entre os leigos no mundo todo.

Há alguma relação entre a repetição da palavra e a respiração?

Não há uma regra rígida a respeito da integração do mantra à respiração. O importante é continuar respirando! Muitas pessoas se sentem confortáveis integrando a respiração à repetição da palavra, mas não devemos dividir a atenção entre a respiração e o mantra. Mantenha a atenção totalmente no mantra. Você pode dizer o mantra ao inspirar e expirar em silêncio; ou pode dizer as duas primeiras sílabas (MA-RA) enquanto inspira e as duas últimas (NA-THA) enquanto expira. Faça como se sentir melhor.

Penso que a pessoa deve ser bem orientada antes de começar a prática da meditação e saber que pode acontecer alguma coisa como aconteceu ao velho monge; aí ela terá a opção de querer ou não praticar essa forma de oração. Acho que não se pode quebrar a identidade da pessoa com a forma de oração a que ela está habituada.

Certamente ajuda muito aprender, com a tradição e a experiência de outras pessoas, que realmente existem certos estágios no crescimento espiritual pelos quais todos passamos. Há várias maneiras de descrever isso. Os Padres do Deserto falam do ciclo que nos leva à *acídia*[12], um sentimento de aridez, de desânimo na meditação. Muitas pessoas têm uma experiência muito positiva quando começam a meditar, sentem até uma pequena iluminação! É mais ou menos como o seu primeiro ou segundo encontro amoroso, o período romântico, e então você descobre que o companheiro ou companheira não quer fazer exatamente aquilo que você quer. Na meditação, muitas pessoas desistem da prática quando experimentam o período de aridez, de dificuldade, a que me referi.

    Conheci uma pessoa há pouco tempo na Califórnia que me disse que mudava de relacionamento afetivo aproximadamente a cada três meses; assim que terminava a fase romântica procurava outro relacionamento; só gostava da fase de lua-de-mel. Acredito que há pessoas que agem dessa forma quando se trata de religião ou espiritualidade. Descobrem algo novo, uma nova religião, um novo método, um novo mestre, entusiasmam-se, aderem e depois de algum tempo desistem. O que precisamos é de perseverança e fidelidade. Esse é o significado da fé. Falamos em fidelidade no casamento e da mesma forma devemos ser fiéis a um caminho espiritual.

    Os Padres do Deserto diziam que após o período de acídia experimentamos um período de *apatia*[13], um pequeno nirvana, um gostinho do Reino de Deus, uma experiência de integração e harmonia. Diziam que o fruto da apatia é *ágape*[14]. Ágape é o nome que se dá ao amor altruísta, ao amor de Deus, que tudo

---

[12] Ver nota 1 na pág. 71.

inclui. O fruto da meditação é a compaixão e o amor. E quando pensa que ficou totalmente iluminado, totalmente compassivo, você volta a um período de acídia. Esse é o ciclo de crescimento que todos atravessamos, mas a cada vez chegamos a níveis mais profundos de crescimento espiritual. Cada um porém vai experimentar à sua maneira, de modo único e pessoal. Algumas pessoas terão mais trabalho interior a fazer do que outras.

Quando comecei a meditar, John Main deu-me um conselho muito encorajador: *Tudo o que você tem que fazer é começar e continuar começando.* Acho que todos vocês já começaram e espero que continuem começando.

---

[13] Ver nota 2 na pág. 73.
[14] Ver nota 3 na pág. 73.

A vida como uma jornada espiritual

Garanto que tudo que eu disser hoje durante o nosso encontro vocês já terão esquecido na hora de dormir. Porém acredito também que não esquecemos a experiência obtida na meditação, porque é a experiência de estar no presente e não é possível esquecer o que acontece nele; só podemos não lembrar do que está no passado. Por isso os períodos de meditação em conjunto serão os momentos mais importantes do nosso dia.

No trajeto para o Mosteiro de São Bento (SP) onde estou hospedado, notei dois sinais de trânsito: um com uma flecha para frente que dizia *Paraíso* e outro com a flecha para o lado que indicava *Consolação*. Minha palestra poderá ser a Consolação e a meditação será o Paraíso.

Para falar sobre o tema escolhido – *A vida como uma jornada espiritual* –, vamos nos orientar pelo texto da Epístola de São Tiago.

São Tiago era muitas vezes chamado de *o irmão de Jesus*; com certeza era um parente próximo. Tornou-se o primeiro líder da Igreja Cristã em Jerusalém. Na primeira geração de cristãos tinha mais autoridade do que Pedro. A Epístola de São Tiago é um texto muito importante para a vida espiritual. Alguns analistas consideram-na o texto mais próximo dos ensinamentos de Jesus que qualquer outro do Novo Testamento. Ela tem sua raiz em uma espiritualidade profunda e contém, ao mesmo tempo, ensinamentos muito práticos sobre a vida como uma jornada espiritual.

Vamos ouvir o que diz o capítulo 5, versículos 13-16 da Epístola de São Tiago e em seguida faremos um momento de silêncio a fim de nos preparar para o dia de hoje. O texto descreve o espírito de comunidade no qual a jornada espiritual se insere: a comunidade que nos ajuda a perseverar e nos auxilia nos tempos bons e ruins; a comunidade onde podemos celebrar as coisas boas da vida e também ser consolados nos momentos difíceis e nos sofrimentos; a comunidade na qual podemos confessar, admitir as nossas faltas um para o outro e ter o conforto da cura. É uma boa maneira de começar o dia. Vamos à leitura do texto:

> Sofre alguém dentre vós um contratempo? Recorra à oração. Está alguém alegre? Cante. Alguém dentre vós está doente? Mande chamar os presbíteros da Igreja para que orem sobre ele, ungindo-o com óleo em nome do Senhor. A oração da fé salvará o doente e o Senhor o porá de pé; e se tiver cometido pecados, estes lhe serão perdoados. Confessai pois uns aos outros vossos pecados e orai uns pelos outros, para que sejais curados.
>
> A oração fervorosa do justo tem grande poder.

Lembro-me de quando ganhei meus primeiros óculos. Saí do consultório do oftalmologista simplesmente maravilhado com toda a claridade que conseguia ver no mundo. Não importava para o que eu olhasse – o número do ônibus que passava pela rua, o rosto das pessoas – o grande prazer era ver tanta claridade.

Muitos de nós precisamos de um tipo de correção da nossa visão espiritual para ver as coisas com a claridade verdadeira. Mesmo olhando para algo que nos faz sofrer é melhor ver claramente do que de modo obscuro. Penso que esse é, de fato, o princípio de viver como se estivesse numa jornada espiritual – ver claramente as coisas. O que significa dizer que devemos vê-las como elas realmente são, antes de interpretá-las ou projetar significados sobre elas.

Algumas pessoas vivem com preconceitos que mancham tudo aquilo que veem. Ao fazer isso perdemos muito da verdade. Nossa prioridade na vida deve ser ver as coisas como elas de fato são, sem tentar interpretá-las. Isso é contemplação! Isso é o que constitui viver uma vida contemplativa ou uma vida espiritual: ter o maior contato possível com a experiência direta da realidade. Ao longo do tempo, o verdadeiro sentido das coisas começa a emergir da contemplação propriamente dita.

O significado é muito importante para a vida espiritual, caso contrário viveremos apenas na superfície. O ser humano precisa de significados. Podemos estar muito ocupados, ou ter muito sucesso, ou muito prazer, mas sem significado a vida não será satisfatória. O verdadeiro trabalho da meditação é trazer mais clareza à nossa percepção. Perceber o sentido da nossa existência é a experiência da iluminação.

O grande poeta inglês William Blake disse que se pudermos desobstruir as portas da percepção, seremos capazes de ver as coisas da maneira como elas são, infinitas. Na linguagem das Escrituras, é o que significa a frase *pureza de coração*. É por isso que Jesus disse: "Felizes os puros de coração, porque verão a Deus".[1]

---

[1] *Mateus* 5, 8

A vida como uma jornada espiritual

A pureza é um elemento muito importante na vida espiritual. A pureza não é uma qualidade moral, é ontológica, está relacionada com a natureza da nossa mente.

Tenho um amigo que vivia uma vida bastante imoral e pediu-me que lhe indicasse um professor, um mestre espiritual. O monge que o atendeu disse-me depois da conversa que teve com ele: *Que pessoa pura!* Eu disse: *Bem...essa não é exatamente a palavra que eu usaria para descrevê-lo.* Ele me respondeu: *Seu amigo foi muito honesto, muito claro a respeito do que queria mudar na vida dele. Foi muito puro!*

O propósito da nossa meditação é chegar a essa pureza de coração e a essa claridade da mente. Condições que nos permitem contemplar a realidade como ela é. É por isso que no processo da meditação abandonamos nossos preconceitos, nossos sistemas de pensamento e nossa maneira usual de interpretar as coisas. Como oração, não estamos falando com Deus ou pensando a respeito de Deus durante a meditação. John Main dizia que estamos fazendo algo muito maior que isso. Estamos de fato *com* Deus.

No dia a dia da nossa vida observamos a realidade à medida que a vivemos: o convívio com as pessoas, os trabalhos que fazemos. Mas no período de meditação, de certo modo, contemplamos a nossa própria e verdadeira natureza. Não o que fazemos, mas o que estamos sendo. É nessa experiência de sermos quem verdadeiramente somos que a pureza de coração se manifesta com naturalidade. É um processo cumulativo e é por isso que devemos integrar a meditação em nossa vida como uma prática regular, diária. Dessa forma a nossa vida se torna uma jornada espiritual sem que precisemos pensar muito nisso e a nossa percepção começa a mudar gradativamente.

Um dos grandes representantes da mística cristã foi um escritor do século 6° chamado Dionísio. Ele fala de três movimentos da alma ou de três maneiras em que a mente percebe as coisas. O primeiro é um movimento linear em que simplesmente fazemos contato com os objetos. É um tipo de percepção sensorial. O segundo é um movimento espiral em que começamos a ver o sentido racional das coisas. O terceiro movimento da mente, e também o mais profundo, é uma dinâmica circular em que começamos a experimentar a unidade entre a nossa experiência e a de outras pessoas.

Viver uma vida espiritual significa viver conscientemente. Mas há diferentes níveis de consciência, como esses três movimentos sugerem. O propósito de se construir uma sociedade mais justa e pacífica deve ser o de permitir que aprofundemos o nosso nível de consciência. Algumas vezes falamos de aprofundar a consciência e outras de ter uma consciência mais elevada, mas na verdade é a mesma coisa. Durante o movimento da Teologia da Libertação falava-se em chamar as pessoas, particularmente os pobres, à consciência. Torná-los conscientes do seu potencial e também da injustiça à qual estavam sendo submetidos. Como vocês bem sabem, neste e em outros países chamar as pessoas à consciência pode assustar muita gente. Elevar a consciência dos pobres pode ser visto como um ato subversivo ou revolucionário. Dom Helder Câmara dizia: *Quando alimento os pobres me chamam de santo, mas quando pergunto por que eles têm fome me chamam de comunista.*

Não devemos pensar em nossa jornada espiritual como algo isolado da nossa convivência com outras pessoas na sociedade. Esse é um elemento fortíssimo na Epístola de São Tiago, capítulo 2, versículos 14-17:

> Meus irmãos, se alguém disser que tem fé, mas não tem obras, que lhe aproveitará isso? Acaso a fé poderá salvá-lo?

A vida como uma jornada espiritual

> Se um irmão ou uma irmã não tiverem o que vestir e lhes faltar o necessário para a subsistência de cada dia, e alguém dentre vós lhes disser: "Ide em paz, aquecei-vos e saciai-vos", e não lhes der o necessário para a sua manutenção, que proveito haverá nisso? Assim também a fé, se não tiver obras, está completamente morta.

Então, se pensamos que possuímos um elevado grau de consciência mas não temos uma prática de compaixão, estamos nos enganando a nós mesmos. É tudo uma questão de clareza de percepção.

Um dos símbolos clássicos da jornada espiritual é o labirinto, adotado pelos primeiros pensadores cristãos. Vou tentar fazer uma ilustração do labirinto. A proposta é realizar uma jornada circular até o centro. Existe um ponto de partida, como em qualquer jornada. Quase podemos enxergar o centro do labirinto de onde partimos e pensamos que poderemos ir diretamente a esse centro. Vamos um pouquinho em frente, em direção ao centro, mas de repente nos encontramos indo para um dos lados. Na verdade iniciamos uma jornada que tem muitas idas e vindas. Quanto mais tempo permanecemos nela, mais temos consciência da assimetria do caminho.

Chegamos a um ponto que se considera ser a metade da vida. Jung[2] diz que isso acontece mais ou menos aos 35 anos e nessa idade todas as questões da vida são basicamente questões espirituais. Mas esse ponto do meio não pode ser medido em anos, como tempo, por ser um ponto espiritual. Provavelmente,

---
[2] Carl Gustav Jung, 1875-1961, pesquisador, pensador, psicanalista e psiquiatra suíço.

todos nós nesta sala já ultrapassamos esse ponto do meio. Frequentemente encontro pessoas muito jovens que já passaram por esse ponto também. São Bento diz que algumas vezes na comunidade monástica Deus revela aquilo que é melhor por intermédio dos mais jovens da comunidade.

Então, continuamos nossa jornada com essas idas e vindas na fé. E a fé, nesse momento, não significa aquilo em que você acredita, mas o seu compromisso com a jornada. Falamos muito da fidelidade nas relações de casamento, de amizades; porém aqui, ao falarmos de fidelidade, referimo-nos à energia com que empreendemos a jornada espiritual. Acredito que todos vocês já tenham vivido uma relação de compromisso com um indivíduo ou com uma comunidade. Há um momento em que encontramos dificuldades nessa relação. E nos perguntamos: *Será que cometi um grande erro? Devia ter me casado com essa pessoa? Deveria estar noivo ou noiva dessa pessoa? Devia ter entrado neste mosteiro?* São momentos muito difíceis e às vezes muito dolorosos, mas são questões de amadurecimento espiritual.

Escutem São Tiago e prestem atenção em como ele parece quase um budista nesse ponto: "Meus irmãos, tende por motivo de grande alegria o serdes submetidos a múltiplas provações..."[3] Isto significa: sejam felizes quando encontrarem dificuldades, não reclamem, tenham clareza de percepção para entender o significado da dificuldade que estão enfrentando, "pois sabeis que a vossa fé, bem provada, leva à perseverança..."[4] Ao enfrentar essas dificuldades vocês fortalecem sua fé e sua capacidade de enfrentar a jornada com perseverança; "mas é preciso que a

---

[3] *Tiago* 1, 2
[4] *Tiago* 1, 3

perseverança produza obra perfeita, a fim de serdes perfeitos e íntegros sem nenhuma deficiência".[5]

O significado da perfeição não é obedecer regras nem indica uma perfeição moral, mas sim um trabalho de integração da pessoa completa que cada um é. "Se alguém dentre vós tem falta de sabedoria, peça-a a Deus, que a concede generosamente a todos, sem recriminações, e ela ser-lhe-á dada, contanto que peça com fé, sem duvidar, porque aquele que duvida é semelhante às ondas do mar, impelidas e agitadas pelo vento. Não pense tal pessoa que receberá alguma coisa do Senhor."[6] Se estamos fazendo a nossa jornada com fé, estamos aprendendo a integrar nosso ser e nosso pensamento.

Uma das forças mais destrutivas em nossa jornada espiritual ou em nossas relações é a força da dúvida. Isso não significa que devemos parar de fazer perguntas ou de questionar a nossa jornada e a nossa experiência. O questionamento permite-nos chegar a uma compreensão mais profunda, enquanto a dúvida impede que isso aconteça. Haverá momentos em que andamos pelo labirinto da vida e chegamos a pensar que nos dirigimos para o lugar errado, parece que nunca nos aproximamos do centro. No entanto, a beleza do labirinto consiste justamente em perceber que a única coisa que devemos fazer é simplesmente continuar no caminho. E este vai, no final, levar-nos ao centro. Quando começamos a desistir vamos nos encontrar muito perto do começo novamente. A última fase da jornada é um caminho direto para o centro. O que encontramos nele?

No mundo clássico, o labirinto era um símbolo de vida assustador porque o que se encontrava no centro dele era um

---

[5] *Tiago* 1, 4
[6] *Tiago* 1, 5-7

minotauro, um ser metade humano e metade touro. A jornada tornava-se então muito assustadora também. Possivelmente, o que o minotauro representava no mundo clássico era o nosso medo da morte, o medo da extinção, e de que ao findar, a jornada não tivesse significado algum. Passamos por esta vida cheia de idas e vindas, somos fiéis, permanecemos nesse caminho de consciência e, no final alguém apaga a luz.

Os pensadores cristãos adotaram esse símbolo com um novo significado para sua vida, porque na sua experiência de ressurreição, eles se deram conta de que o minotauro fora vencido. Em vez do minotauro, eles colocaram o Cristo ressuscitado no centro do labirinto. Psicologicamente podemos também dizer que o que encontramos no centro do labirinto é o nosso verdadeiro eu. Porém não encontramos o nosso verdadeiro eu no isolamento, nós o encontramos sempre numa relação com uma realidade maior. Na consciência cristã essa realidade maior na sua primeira fase é o Cristo ressuscitado.

Há uma diferença importante entre dois tipos de labirinto: o labirinto propriamente dito e o dédalo. O dédalo pode se parecer um pouco com o labirinto mas, na verdade, é quase uma imagem do inferno porque no dédalo não há centro e não há saída. Quando entramos no dédalo estamos perdidos! Você fica andando de uma parte dele para outra, sua vida não tem um senso de direção ou de significado. Na Inglaterra existe um dédalo chamado Hampton Court que foi construído no século 16 com sebes, arbustos e jardim. As pessoas pagam para entrar nesse dédalo e as crianças adoram porque é muito divertido. Mas se você estiver um pouco fragilizado psicologicamente pode ser muito perturbador; no início é divertido, mas depois de um tempo você começa a ficar assustado porque não consegue encontrar a saída. Em dois ou três pontos dentro desse dédalo

A vida como uma jornada espiritual

existe uma saída de emergência no caso de alguém precisar sair dele rapidamente.

Se você experimenta a vida como um dédalo sem direção e sem centro, vai querer achar uma saída, um escape. Por que o tráfico de drogas é um problema tão gigantesco no mundo moderno? Por que as pessoas se arriscam, destroem suas mentes e suas vidas nas drogas? É porque querem escapar de uma vida que percebem não ter significado ou esperança, especialmente quando estão aprisionadas num certo nível da sociedade e sentem que é impossível escapar daquela favela ou daquela forma de vida. Por que as favelas são o centro do tráfico de drogas, da indústria das drogas? Os privilegiados dentre nós talvez encontrem outros meios de escapar. Há muitas outras válvulas de escape como o álcool ou mesmo o excesso de trabalho.

Estamos falando então de viver a vida como uma jornada espiritual em um labirinto, com um significado, ou em um dédalo, sem significado. Viver a vida como uma jornada espiritual quer dizer estar vivendo um caminho da maturidade. Ao lermos as Epístolas de São Paulo no Novo Testamento descobrimos que a ideia de maturidade é um tema recorrente. São Paulo às vezes tem má reputação por causa das coisas que diz, mas ele tem uma percepção profunda do objetivo da vida espiritual que conduz à plenitude da maturidade. Ele vê a maturidade nutrida pela fé, e isso significa a perseverança que há na comunidade para estabelecer conexão, uma relação com Cristo.

Nessa visão a vida é mais que uma questão de resolver problemas uns depois dos outros. Em nossa sociedade há a tendência de ver a vida como um problema. É verdade que no cotidiano, no trabalho, na família, a vida é cheia de pequenos problemas que devemos resolver: como equilibrar os muitos compromissos que temos, as inúmeras coisas que devemos fazer num mesmo dia, como vamos pagar os impostos e tirar férias. Um nível da vida é resolver pequenos problemas dia após dia, mas uma percepção mais profunda nos leva além dos problemas para perceber a vida como um mistério.

Se você quer viver resolvendo pequenos problemas indefinidamente, entre num mosteiro e ficará muito feliz solucionando problemas eternos. Você deve manter todos os membros da sua comunidade ocupados, tem que escrever a lista das pessoas que vão trabalhar na cozinha, das que vão ajudar na missa, precisa restaurar o prédio, cuidar dos hóspedes quando eles chegam, tem que ter certeza de que as refeições vão ser preparadas no tempo exato. Os problemas não têm fim! Se você não tiver cuidado, seja num mosteiro ou fora dele, poderá passar o resto da sua vida resolvendo pequenos problemas.

Isso seria o primeiro nível de consciência mencionado por Dionísio, aquele linear, de ter contato com as coisas ou com objetos externos. Afinal a vida vista somente como uma série de problemas torna-se um dédalo e acabamos constatando que não resolvemos os problemas muito bem. Assim, precisamos de um pouco mais de tempo para mergulhar no nível mais profundo da consciência, o circular, em que podemos ver a vida como um mistério. Não somente experimentamos o mistério mas entramos nele, e entrar na experiência da vida como um mistério é um trabalho de silêncio.

Vamos agora ter um período de meditação que é o nosso tempo de silêncio. Quero dizer apenas algumas palavras sobre a natureza do silêncio. A *Bhagavad Gita*[7] diz: "Feliz é aquele que encontrou o seu trabalho, mas mais feliz ainda é aquele que

---

[7] Uma das grandes escrituras do hinduísmo; está entre os maiores clássicos da literatura espiritual e filosófica do mundo.

encontrou o trabalho do silêncio. E que sabe que silêncio é trabalho". Mais tarde falarei um pouco mais sobre por que o silêncio é trabalho. No momento devemos nos lembrar de que o tempo de meditação é um tempo de silêncio, e portanto deixamos de lado as palavras, os pensamentos e as imagens.

Em outras palavras, durante a meditação não julgamos nossa experiência e nossa vida, não analisamos nem tentamos resolver nossos problemas, confiamos na palavra de Jesus que diz que Deus conhece as nossas necessidades antes que peçamos algo a Ele. Para os cristãos a meditação é um tempo de verdadeira oração. Os primeiros monges chamavam esse tempo de *oração pura*. Não é o tempo em que praticamos a oração de intercessão ou petição. Como cristãos aprendemos muitas formas de orar, inclusive a oração mental e a litúrgica, que serão compreendidas de maneira incompleta se não fizermos a *oração do coração*, a *oração pura*. Nos últimos anos tem havido um resgate da tradição cristã contemplativa. Antes de iniciarmos a meditação vamos ouvir as palavras de Jesus no Evangelho de Mateus, capítulo 11, versículos 28-30:

> Vinde a mim todos os que estais cansados sob o peso do vosso fardo e vos darei descanso. Tomai sobre vós o meu jugo e aprendei de mim, porque sou manso e humilde de coração, e encontrareis descanso para vossas almas, pois meu jugo é suave e meu fardo é leve.

Em meio aos problemas e fardos da nossa vida, Jesus convida-nos a encontrar descanso. Isso significa que sentamos para meditar todos os dias em meio aos problemas da vida, mas não quer dizer que devemos resolver todos os nossos problemas antes de meditar. O que é esse descanso do qual Jesus fala? Ele usa essa palavra duas vezes nessa passagem. Descanso aqui não é um tipo de *happy hour* que acontece num bar após o trabalho, nem deitar-se e dormir um pouco. O descanso ao qual Ele se refere é a contemplação. É a quietude no meio do movimento. É o silêncio no meio do barulho. Não é só relaxamento e sim a verdadeira paz. Para chegar a esse tipo de descanso devemos fazer o trabalho do silêncio.

Vamos fazer um momento de silêncio para nos recolher novamente e estar presentes, em primeiro lugar no mais profundo de nós mesmos. Depois então poderemos começar a estar presentes uns para os outros, no fundamento comum da nossa humanidade, compartilhando a busca da verdade e a busca de Deus que nos une em amizade. Em seguida poderemos estar presentes no fundamento comum propriamente dito, que é o mistério do ser, o mistério de Deus.

Período de silêncio

Vou abordar algumas maneiras práticas para viver a vida como uma jornada espiritual e perceber seu significado, à medida que a vivemos. O capítulo 4 da *Regra* de São Bento[8] chama-se *Quais são os instrumentos das boas obras?* É um capítulo longo que apresenta uma lista de maneiras muito simples e práticas para viver de modo consciente, compassivo e espiritual. Algumas delas são:

---

[8] Transcrição segundo o texto contido em *A Regra* de São Bento, Mosteiro da Santa Cruz, Juiz de Fora, MG, 2ª edição revista, 1999.

Não reservar tempo para a cólera.
Não conceder paz simulada.
Não ser soberbo.
Não ser detrator.
Não falar palavras vãs ou que só sirvam para provocar o riso.
Voltar à paz, antes do pôr do sol, com aqueles com quem teve desavença.

Esses instrumentos para as boas obras são muito práticos quando se vive em comunidade e também muito encorajadores porque trazem o caminho espiritual de um nível abstrato para o nível prático. Ao mesmo tempo fornece um tipo de critério para você ver como está se saindo. É por isso que em sua Epístola, São Tiago enfatiza a importância das boas obras. São Paulo, ao contrário, diz que somos justificados pela fé, mas São Tiago pergunta: *Qual é o sentido da fé se ela não é justificada por boas obras?* E diz que a fé sempre leva à ação.

Vamos ouvir ainda uma vez o capítulo 2, versículos 14-20, da Epístola de São Tiago:

> Meus irmãos, se alguém disser que tem fé, mas não tem obras, que lhe aproveitará isso? Acaso a fé poderá salvá-lo? Se um irmão ou uma irmã não tiverem o que vestir e lhes faltar o necessário para a subsistência de cada dia, e alguém dentre vós lhes disser: "Ide em paz, aquecei-vos e saciai-vos", e não lhes der o necessário para a sua manutenção, que proveito haverá nisso? Assim também a fé, se não tiver obras, está completamente morta.

De fato, alguém poderá objetar-lhe: "Tu tens a fé e eu tenho as obras. Mostra-me a tua fé sem obras e eu te mostrarei a fé pelas minhas obras. Tu crês que há um só Deus? Ótimo! Lembra-te porém que também os demônios creem, mas estremecem. Queres porém ó homem insensato, a prova de que a fé sem as obras é estéril?"

Não é a crença que nos salva, mas a crença expressa em ações de amor. Essa é a reflexão pura dos ensinamentos de Jesus, no capítulo 25 do Evangelho de São Mateus:

> Pois tive fome e me destes de comer. Tive sede e me destes de beber. Era forasteiro e me acolhestes. Estive nu e me vestistes, doente e me visitastes, preso e viestes ver-me.[9]
>
> Em verdade vos digo: cada vez que o fizestes a um desses meus irmãos mais pequeninos, a mim o fizestes.[10]

A vida espiritual deve ser vivida num nível prático e há expressões práticas nesse nível que nos dão um senso de direção e de progresso. Uma dessas expressões é a prática da atenção, sobre a qual falaremos agora; mais tarde vamos falar sobre como controlar a raiva.

A atenção é a essência da oração. É também a essência de todos os relacionamentos. Estamos verdadeiramente em relacionamento com alguém somente quando prestamos atenção a esse alguém. Uma amiga contou-me que um dia seu marido chegou em casa e lhe disse que iria deixá-la porque mantinha um caso com outra mulher nos últimos dez anos. Ela ficou bastante perturbada e lutou muito com seus sentimentos e emoções por longo tempo. Mas é uma mulher de vida espiritual profunda. Ela

---

[9] *Mateus* 25, 35-36
[10] *Mateus* 25, 40

me disse: *Eu me dou conta de que estou com muita raiva dele por me trair dessa maneira, mas também me dou conta de que dez anos é um período longo. Percebo que a nossa relação tem se deteriorado nestes últimos dez anos.* Contou-me ainda que o marido trabalhava muito e chegava em casa cansado, estressado e por isso ela não exigia muito dele. Simplesmente deixava que ele vivesse a sua vida. *Aos poucos,* ela disse, *embora juntos, começamos a viver separados. Nós não escutávamos mais um ao outro. Durante a semana eu mal o via e durante o fim de semana tínhamos de cuidar dos problemas da casa e dos filhos, e não prestávamos mais atenção um ao outro.*

Amar alguém significa que temos um compromisso de prestar atenção a ele. Normalmente, no estágio inicial de um relacionamento, nos primeiros encontros, quando estamos nos apaixonando, é muito fácil prestar atenção um ao outro. É assim também na vida monástica. No começo temos grande entusiasmo e achamos que todas as pessoas com quem convivemos na comunidade são santas. O poder da novidade é uma força de atração muito grande, mas a novidade acaba com o tempo. À medida que essa força de atração se vai, temos de decidir se vamos continuar a prestar atenção, aprofundar essa atenção e esse compro-misso. O mesmo é verdade em relação a todas as práticas espirituais e orações, e também em relação à meditação. Podemos ficar "viciados" na novidade da vida espiritual e da vida religiosa. Às vezes encontramos um novo método, um ensinamento novo, um novo mestre, e ficamos muito entusiasmados quanto a esse novo caminho.

Precisamos fazer uma distinção bem clara entre estar viciado em novidade e renovar o nosso caminho espiritual e a nossa capacidade de atenção. Qual é a diferença entre novidade e renovação? Uma forma como podemos renovar a nossa jornada espiritual e as nossas relações é aprofundar o nosso compromisso com elas, porque não podemos voltar atrás no tempo. É impossível voltar atrás para o primeiro encontro ou para o início da jornada. Se quisermos ter um crescimento, a única direção que podemos seguir é ir mais para dentro e mais profundamente. Como ir mais profundamente? Vamos mais profundamente ao confrontar as dificuldades. É o que São Tiago diz, de uma maneira muito budista: *Alegrem-se quando encontrarem dificuldades!* Esses são os momentos em que experimentamos a transcendência e todo crescimento tem relação com transcendência.

No caminho de crescimento espiritual enfrentamos períodos de uma certa obstrução ou de desânimo, como em relação à prática da meditação, por exemplo. É o que os Padres do Deserto chamavam de *acídia*.[11] A acídia é o sentimento de aridez espiritual, ou de desânimo, ou um sentimento de que não estamos progredindo. A lua de mel se acabou e agora começamos a experimentar a rotina diária dessa relação. O melhor modelo para entendermos a natureza da meditação é o modelo do relacionamento. Na compreensão cristã, de fato entramos numa relação mais profunda com Deus ao meditarmos. A experiência da acídia é uma parte do processo de crescimento espiritual ou do aprofundamento dessa relação. É certo que há vários graus de acídia. Pode ser uma forma leve, na qual sentimos que não há nada acontecendo, é até mesmo maçante, mas ainda assim continuamos. Ou pode ser um sentimento muito forte de desânimo, até mesmo de desespero, de que a vida não tem significado e o labirinto é na verdade um dédalo. Essa confusão entre o dédalo e o labirinto é uma maneira de purificarmos a nossa percepção e o nosso coração.

---

[11] Ver nota 1 na pág. 71.

É importante identificarmos alguns traços de acídia quando ela começa a se desenvolver. Há uma sensação de desânimo ou de tédio, talvez um sentimento de impaciência, ou a impressão de que a grama é mais verde no jardim do vizinho... Quando os jovens monges do deserto começavam a experimentar o sentimento de acídia recorriam aos monges mais velhos para ajudá-los. Essa atitude reforça a importância da comunidade, enfatizada por São Tiago na sua Epístola. A comunidade deve ser estável mesmo quando nós não somos estáveis. Em primeiro lugar, os velhos mestres do deserto ouviam seus jovens discípulos, prestavam atenção àquilo que eles diziam. Na tradição monástica dos Padres do Deserto, eles não falavam muito e não davam muitos conselhos, mas falavam uma única coisa muito útil: *Vá para sua cela, sente-se em silêncio e a sua cela lhe ensinará tudo.* A cela significa a estabilidade no seu próprio coração e a perseverança na sua prática.

Poderia não ser necessariamente aquilo que o jovem monge queria escutar. Mas no momento certo esse conselho produz muitos frutos e é muito bem-vindo. O que cria o momento certo é o fato de o mestre escutar com muita atenção porque o poder da atenção é transformador. Imagine que você tem um problema e precisa desabafar com alguém. Talvez você já tenha considerado várias soluções diferentes para o seu problema, já tenha falado com muitas pessoas e cada uma delas lhe deu um conselho. É possível que você tenha até escrito para um jornal ou revista, para aquela seção em que recebem cartas e dão conselhos de como resolver os nossos problemas. Mas todos esses conselhos e soluções oferecidos não são, de fato, muito úteis. Na verdade, o que você precisa nesse momento não é de um conselheiro, mas de um mestre. E o mestre pode ser um amigo, pode ser um terapeuta. O mestre pode aparecer para você de várias formas, e a razão disso é que o mestre está sempre em seu interior, mas vai aparecer para você na forma que for apropriada naquele momento. O sinal de que o mestre está presente é que ele está prestando atenção àquilo que você está dizendo, prestando atenção a você!

Quando sabemos que alguém está verdadeiramente prestando atenção em nós, algo em nosso interior começa a mudar e começamos a nos sentir ligados a alguma coisa ou a alguém. Principiamos também a nos conectar internamente com um grau mais profundo de consciência.

Frequentemente, quando percebemos que alguém está realmente prestando atenção àquilo que dizemos acabamos falando coisas que não queríamos. Desejamos mesmo que a pessoa fique desatenta porque assim paramos de dizer o que não queremos e começamos então a prestar atenção a nós mesmos. Talvez tudo isso aconteça sem o mestre ter falado uma única palavra.

Quando alguém presta atenção em nós ganhamos um presente precioso. Estamos na verdade recebendo o dom do amor. Pode ser um amor que não se expresse de modo físico ou emocional, mas é amor que estamos auferindo. E estamos também recebendo o dom da pessoa, que nos dá o dom de si mesma. Após desfrutarmos toda essa atenção voltamos à nossa vida cotidiana e os problemas ainda estarão lá esperando para ser resolvidos. Mas como Jesus dizia, passamos a carregar o fardo da vida de uma maneira mais leve, por causa da atenção recebida. O que aprendemos com Jesus nessa experiência é que recebemos um jugo de vida que nos liga à pessoa, ao mestre. A palavra *jugo* tem a mesma raiz de *ioga*, que significa *união*. Portanto o dom da atenção cria a unidade e a experiência da comunhão.

O pior aspecto do sofrimento é a sensação de que estamos sofrendo sozinhos e a percepção de que estamos alienados das outras pessoas. Experimenta-se o alívio do sofrimento pela conexão com a outra pessoa, por meio da compaixão e do cuidado. Gostamos de receber atenção, mas também devemos aprender a dá-la. A melhor maneira de encontrar um amigo é ser um amigo. Essa era a maneira como os primeiros Padres do Deserto lidavam com o problema da acídia.

Os Padres do Deserto diziam que o estágio seguinte à acídia é chamado de *apatia*[12], que neste contexto significa um "sabor" do nirvana ou um "sabor" do Reino de Deus. É um sentimento de integração, harmonia, paz, bem-estar. Esse sentimento faz parte da nossa natureza e não depende de circunstâncias externas. O profeta Isaías diz que bebemos de nossa própria fonte, saboreamos daquilo que flui de nós mesmos.

Os mestres ensinam que o filho da apatia é *ágape*[13]. Ágape é a palavra grega usada para descrever o amor divino, o amor puro, não egoísta.

Voltemos à questão da natureza da atenção. A maneira mais prática de prestarmos atenção é ouvir. São Bento começa sua *Regra* com as palavras "Escuta, filho". O aspecto prático da espiritualidade na *Regra* de São Bento é desenvolver uma comunidade monástica que saiba ouvir, na qual cada pessoa escute seu próprio coração, mas também a cada um dos membros da comunidade. Um sinal de uma comunidade doente é quando numa reunião de monges, eles têm medo de falar. Isso se aplica também a reuniões profissionais e familiares. Acredito que todos conheçemos aquele tipo de pessoa que fica calada durante uma reunião, mas assim que ela acaba encontra outra pessoa e

---

[12] Ver nota 2 na pág. 73.
[13] Ver nota 3 na pág. 73.

despeja nela tudo de negativo que pensa. A arte da vida espiritual é criar a coragem de falar, porque sabemos que vamos ser ouvidos com atenção e compaixão.

De que maneira desenvolvemos a atenção como indivíduos em nossa sociedade e nas nossas comunidades? Como podemos escutar realmente uns aos outros? É preciso primeiramente desenvolver a atenção dentro de nós, em nossa prática espiritual. Por isso eu disse que a essência de toda oração é a atenção. Não é falar com Deus, dizer a Deus o quão divino Ele é, ou dizer a Ele tudo aquilo que esqueceu de fazer hoje por nós. Não é pedir a Deus que intervenha no mundo, a meu favor contra alguém. O papel da oração, seja oração de louvor, de petição ou litúrgica, só poderá ser compreendido se praticarmos a arte essencial da oração que é a atenção.

Começaremos então a perceber a conexão entre a consciência contemplativa, que desenvolvemos na meditação, e a possibilidade de transformação em nosso mundo. Se queremos mudar o mundo precisamos, antes, mudar a nós mesmos. Não temos o direito de pedir a Deus que mude outras pessoas ou mude o mundo, a menos que estejamos dispostos antes de tudo a mudar a nós mesmos. Se pensamos que o objetivo da oração é primordialmente mudar a realidade externa, então ainda estamos num nível muito superficial de consciência, no plano linear que mencionei anteriormente. A primeira a mudar deve ser a pessoa que ora.

Simone Weil[14] entendeu isso lindamente, de maneira muito prática, com grande clareza, ao dizer que a atenção purifica! Ela escreveu um belíssimo ensaio sobre o uso correto dos estudos escolares com a intenção de desenvolver o espírito de

---

[14] Filósofa e mística francesa, 1909-1943.

oração. Diz que ao instruirmos as crianças, em qualquer que seja a matéria, o mais importante é ensinar em primeiro lugar a desenvolver a capacidade da atenção. A criança pode estar estudando uma matéria na qual tenha dificuldade e é possível que suas notas não sejam muito boas. Em geral, quando isso acontece a criança sente-se fracassada e deprimida. O bom professor pode ensinar a criança a se dar conta de que ela é capaz de aprender mais pelos erros do que tirando boas notas. Creio mesmo que aprendemos mais com os erros do que com experiências bem-sucedidas. Quando a criança está aprendendo alguma coisa difícil, algo que é quase antinatural para ela, na verdade está aprendendo a prática da atenção. Simone Weil diz que isso ocorre na extremidade mais baixa da nossa capacidade de atenção, mas os frutos desse trabalho vão aparecer no nível mais elevado de atenção, que é a oração, quando convertemos o nosso ser completamente em pura atenção a Deus, não à imagem de Deus, mas a Deus mesmo.

É necessário dizer que atenção não é a mesma coisa que concentração. Quando nos concentramos em alguma coisa, depois de algum tempo começamos a sentir dor de cabeça. Isso acontece por exemplo quando precisamos aprender alguma coisa difícil para prestar um exame e tentamos empurrar toda informação para dentro do cérebro. Desenvolver a atenção é estimular a capacidade de nos voltarmos para alguém ou para alguma coisa, sem formar uma opinião ou uma imagem sobre o objeto de nossa atenção. É o que falei anteriormente a propósito da natureza da contemplação como a percepção pura da realidade. Por isso a meditação nos primórdios do Cristianismo era chamada de *oração pura*.

Lembrem-se de que durante a meditação não tentamos fazer nada nem atingir nenhum objetivo em particular. Quando as pessoas começam a meditar, frequentemente se perguntam: *O que devo experimentar agora?* A primeira coisa a fazer é abandonar esse tipo de expectativa ou julgamento em relação à sua experiência. É claro que a nossa mente tem alguns hábitos firmemente enraizados. Um deles é julgar tudo pelo prisma do sucesso ou fracasso, porém não medimos a meditação dessa forma. Desde logo o que fazemos na meditação é desaprender alguns hábitos conhecidos da nossa mente, atitude que poderá produzir frutos em vários aspectos da nossa vida. Se julgarmos menos nossas experiências e nós próprios, julgaremos menos as outras pessoas. Durante a meditação, não lute contra as distrações da mente e nem tente reprimi-las, simplesmente deixe-as passar e volte sua atenção para a repetição do mantra, ou palavra sagrada. A palavra que recomendo é *Maranatha*.[15]

Vamos agora fazer um período de meditação.

O ponto mais importante a observar para tornar a vida uma jornada espiritual é termos uma prática espiritual diária. Cotidianamente, em dois períodos do dia devemos dedicar alguns momentos ao silêncio, para ficarmos quietos e prestar atenção com toda a força da nossa consciência. Nessa prática espiritual diária não precisamos tentar ser bons. Geralmente quando tentamos, tornamo-nos pessoas cansativas ou enfadonhas. No entanto se experimentarmos seriamente aprofundar o silêncio e a atenção durante os períodos de meditação, nos tornaremos

---

[15] 1 *Coríntios* 16, 22 e *Apocalipse* 22, 17

pessoas melhores. Esse foi o *insight*[16] dos primeiros mestres cristãos que nos ensinaram a prática da meditação da forma como hoje ensinamos.

João Cassiano, monge do século 4º que viveu muitos anos no deserto do Egito, pergunta: *Como podemos alcançar a estabilidade da mente e mantê-la em insight constante, já que a mente quase sempre volta a dormir um sono mortal?* Isso não significa que fisicamente durmamos, mas sim que a mente cai em um estado de falta de atenção. Estamos constantemente indo de uma coisa para outra e não prestamos atenção à ida e vinda do *insight* espiritual. A resposta que Cassiano dá a essa questão é a prática da meditação com a repetição do mantra. Ele diz que o mantra tira todas as emoções da natureza humana e ajusta-se aos diferentes estados da mente. Por isso nos aconselha a praticar essa disciplina de atenção tanto nos tempos de prosperidade como de adversidade. Se você se encontra em um estado de calma e paz interior enquanto medita, desfrute desse estado, mas continue a recitar o mantra. E na adversidade, quando experimentar uma certa aridez, quando sentir que a mente está distraída e achar que a meditação é uma perda de tempo, que não vale a pena meditar, o conselho muito prático de Cassiano é enraizar o mantra no seu coração pela repetição constante.

Assim gradativamente ficamos mais enraizados nesse espírito de atenção e de oração durante todas as atividades do dia, logo pela manhã ao acordarmos, quando comemos, trabalhamos ou fazemos uma viagem, e até mesmo quando dormimos. Viver a vida como uma jornada espiritual significa que cada aspecto da

---

[16] Ver nota 9 na pág. 164.

nossa vida deve ser vivido nesse espírito de atenção. Essa é a compreensão cristã do espírito de atenção plena, é o que São Paulo quer dizer quando nos exorta a orar em todas as circunstâncias. Esse é o objetivo de uma vida espiritual, estar em um estado de oração contínua. Cassiano diz que muitos benefícios advêm dessa prática. Um deles é que chegamos a ler as Escrituras como se nós mesmos as tivéssemos escrito. As Escrituras tornam-se um espelho para a mente, muito diferente da interpretação fundamentalista que lhes é dada. Outro benefício da prática diária da meditação é que ela aviva dentro de nós uma profunda compaixão.

Prestar atenção é fazer algo que está na essência da liberdade humana. Não se pode forçar ninguém a prestar atenção. A capacidade de dar atenção livremente é parte de termos sido criados à imagem divina. Quando você decide prestar atenção a algo ou a alguém, ao que estou falando agora por exemplo, descobrirá que isso é trabalho, assim como durante a meditação. Prestar atenção é uma escolha livre, mas é trabalho. É o trabalho do silêncio, pois prestar atenção é estar silencioso. Se queremos ouvir, devemos praticar o silêncio. Mestre Eckhart[17] disse que não há nada comparável a Deus como o silêncio. O significado disso é que quando estamos silenciosos estamos prestando atenção, e Deus é pura atenção. Nós existimos porque Deus está prestando atenção em nós. A compreensão cristã da oração é que prestamos atenção em Deus, que presta atenção em nós. Quando duas pessoas prestam atenção uma à outra, aí existe amor, relacionamento verdadeiro, algo novo é criado.

E o que acontece quando não prestamos atenção? Quando sentimos que não recebemos a atenção que merecemos ou

---

[17] Místico cristão do século 13-14.

precisamos, a raiva começa a nos invadir. Penso que esse é o problema que ocorre em muitos casamentos e relacionamentos; pode também ser a causa de muita infelicidade e violência social.

Assim como a atenção, a raiva é um aspecto da vida espiritual a ser considerado. Creio que a primeira descrição da raiva ou da violência na Bíblia é a história de Caim e Abel. É um mito que contém muita sabedoria. Caim e Abel eram irmãos; Abel tornou-se pastor de ovelhas e Caim cultivava o solo. Ambos fizeram ofertas a Deus; a oferenda de Abel foi aceita por Deus enquanto a de Caim foi rejeitada. Não sabemos o motivo, a história não nos conta o porquê. Só sabemos que Caim se sentiu triste e com raiva, e Deus lhe perguntou: "Por que estás irritado e por que teu rosto está abatido?"[18] É a nossa voz interior nos falando sobre nossos sentimentos negativos. Deus lhe diz ainda: "...não jaz o pecado à porta, como animal acuado que te espreita; podes acaso dominá-lo?"[19] Caim não escuta a voz de Deus, leva seu irmão para o campo e comete o primeiro assassinato.

Tristeza e raiva, essas são as emoções que sentimos quando achamos que não estamos recebendo a atenção de que precisamos ou que merecemos. Isso acontece frequentemente nas famílias, quando um novo bebê nasce e a criança mais velha tem que passar por um período de adaptação porque sente que não é mais o foco da atenção dos pais. Um casal de primos meus voltava da maternidade com seu novo bebê e a filhinha de 5 anos no carro. É claro que naquele momento os pais prestavam mais atenção ao bebezinho do que à menina de 5 anos. Ao pararem num semáforo a menina disse para os pais: *Tudo bem, agora a*

---

[18] *Gênesis* 4, 6
[19] *Gênesis* 4, 7

gente pode jogar o bebezinho pela janela, a gente não precisa mais dele. A tristeza e a raiva são emoções geradas por uma experiência de perda e produzem a violência.

Recentemente eu viajava de avião e havia uma criança pequena sentada num dos assentos à minha frente. Eu estava escrevendo quando a criança colocou a cabeça sobre o assento da cadeira e começou a prestar atenção na caneta que eu usava. Dei a caneta para a criança e brinquei com ela por alguns instantes. Quando tentei pegar minha caneta de volta, fiquei muito surpreso ao ver a força com que a criança a agarrava. Era como o ego dizendo: *Isso é meu!* Já naquela idade tão tenra! Enquanto eu brincava a criança estava feliz, mas quando eu quis recuperar a caneta a criança começou a chorar muito alto e tive que devolvê-la rapidinho. Naquele momento de perda, quando a criança sentiu que ia perder aquilo que achava que era seu, o primeiro olhar foi de surpresa e de tristeza, e logo depois de raiva. E se eu não lhe tivesse devolvido a caneta, provavelmente seria de violência.

Aquele olhar da criança dá o *insight* do que precisamos para olhar o problema da violência e da raiva. Onde eclode a violência há sempre um problema de raiva fora de controle. Vimos que Deus falou a Caim: "...não jaz o pecado à porta, como animal acuado que te espreita; podes acaso dominá-lo?"[20] Na vida espiritual é importante a maneira como controlamos a raiva. Sentir raiva é uma experiência perfeitamente natural, especialmente quando uma injustiça foi cometida contra nós ou quando perdemos algo. A raiva é também um dos estágios do processo do luto quando perdemos alguém. Podemos ficar com raiva de Deus ou da pessoa que morreu. Racionalmente dizemos a nós

---

[20] *Gênesis* 4, 7

A vida como uma jornada espiritual

mesmos: *Eu não devia estar com raiva*! Mas o fato é que estamos! A raiva deve ser expressada, mas com atenção para não criarmos ou perpetuarmos a violência. Em outras palavras, há um espaço entre a raiva e a violência no qual temos liberdade para controlar a raiva e impedir seu resultado que é a violência.

São Tiago fala sobre isso em sua Epístola, capítulo 3, versículos 5-12, quando menciona o controle da língua:

> Assim também a língua, embora seja pequeno membro do corpo, jacta-se de grandes feitos! Notai como pequeno fogo incendeia floresta imensa. Ora, também a língua é fogo. Como o mundo do mal, a língua é posta entre os nossos membros maculando o corpo inteiro e pondo em chamas o ciclo da criação, inflamada como é pela geena. Com efeito, toda espécie de feras, de aves, de répteis e de animais marinhos é domada e tem sido domada pela espécie humana. Mas a língua, ninguém consegue domá-la: é mal irrequieto e está cheia de veneno mortífero. Com ela bendizemos ao Senhor, nosso Pai, e com ela maldizemos os homens feitos à semelhança de Deus. Da mesma boca proveem bênção e maldição. Ora, tal não deve acontecer, meus irmãos. Porventura uma fonte jorra, pelo mesmo olheiro, água doce e água salobra? Porventura, meus irmãos, pode a figueira produzir azeitonas ou a videira produzir figos? Assim, a fonte de água salgada não pode produzir água doce.

Tente se lembrar da última vez que teve uma discussão com alguém que você ama e conhece muito bem. Talvez tenha sido uma discussão acalorada e provavelmente a pessoa o tenha decepcionado ou machucado de alguma forma. Durante a discussão um pequeno pensamento vem à sua mente. Você se lembra de alguma coisa que a pessoa lhe disse ou fez, anos atrás, e que nada tem a ver com o momento presente. Mas você sabe que se mencionar isso poderá machucar muito a pessoa. E uma "vozinha" em sua mente lhe diz: *Não, eu não devia dizer isso!* Ao mesmo tempo uma outra voz lhe diz: *Bem, ela merece que eu diga isso, é uma questão de justiça! Ela me machucou, eu a machuco e aí estaremos quites!* E você diz! O momento é de puro prazer, é como ganhar uma guerra! Porém imediatamente depois de falar você vê a pessoa ferida, sente vergonha e propõe que esqueçam tudo e sejam amigos de novo. Mas a outra pessoa também se lembra de algo sobre você e faz o mesmo. Assim o ciclo da violência continua através da História. Nenhum ato de violência ocorre isoladamente, está sempre conectado com outro ato de violência.

Uma forma de interromper o ciclo de violência é estarmos conscientes do que produziu a violência dentro de nós. É certo porém que quando sentimos uma grande tristeza, uma grande raiva, nossa mente não está muito clara, não estamos muito conscientes. A raiva e a tristeza causam vários riscos em nossa lente, perturbam nossa visão. Em algum ponto entre a raiva e a violência devemos aprender a esperar e a praticar o autocontrole, a ficar quietos. Aprender a arte do autocontrole e da quietude é uma questão de prática. Algumas culturas nos treinam nessa arte com naturalidade. Na Inglaterra por exemplo o sistema ferroviário está atualmente muito ruim, os trens frequentemente quebram e funcionam mal. Sempre me surpreendo com o quanto os ingleses são capazes de suportar essa situação sem uma palavra de reclamação. Já no Brasil provavelmente haveria uma rebelião por esse motivo. Na verdade os ingleses não estão controlando a sua raiva, estão simplesmente deixando de expressá-la. Então ao chegar em casa ou ao bar eles reclamam o tempo todo, sem parar.

As diversas culturas lidam com a raiva de maneiras diferentes. Mas penso que todas as culturas deveriam desenvolver uma abordagem espiritual da questão da raiva. Precisamos nos dar conta de que a raiva ocorre e que é o resultado natural de certas experiências de perda ou tristeza. Precisamos reconhecer que devemos expressar a raiva, mas não no momento em que a sentimos. Devemos esperar até o dia seguinte ou até que o momento de maior paixão tenha passado e as tendências violentas tenham se abrandado. Para isso precisamos de coragem. Muitas vezes a nossa tendência é fingir que esquecemos e varrer tudo para debaixo do tapete. Essa atitude no entanto torna a raiva reprimida, e no final ela acaba eclodindo na forma de mais violência.

É então que a prática da meditação tem um efeito muito poderoso sobre nossos relacionamentos e nossa experiência de paz, porque ela fortalece aquela consciência mais elevada da qual precisamos no momento de raiva. Se reagirmos imediatamente com violência, seja verbal ou física, estaremos demonstrando que temos um nível de consciência muito baixo. E reconhecemos isso porque chegamos até a sentir um certo prazer com a violência em si.

Vamos finalizar com as palavras de São Tiago sobre a sabedoria, lembrando que a meditação é um caminho de sabedoria. São Tiago descreve nesta passagem as escolhas básicas que temos como indivíduos ou como sociedade. Podemos escolher entre a falsa sabedoria – que é apenas uma inteligência técnica e terrena, sensual, demoníaca, um tipo de inteligência que pode produzir bombas nucleares ou sistemas econômicos que exploram os pobres – e a verdadeira sabedoria, que produz muitas coisas positivas, inclusive a paz, a paz de onde vem a justiça.

Ouçamos então o capítulo 3, versículos 13-18 da Epístola de São Tiago:

Quem dentre vós é sábio e entendido? Mostre pelo bom comportamento suas obras repassadas de docilidade e sabedoria. Mas, se tendes inveja amarga e preocupações egoísticas no vosso coração, não vos orgulheis nem mintais contra a verdade, porque esta sabedoria não vem do alto; antes, é terrena, animal e demoníaca. Com efeito, onde há inveja e preocupação egoística, aí estão as desordens e toda sorte de más ações. Por outra parte, a sabedoria que vem do alto é, antes de tudo, pura, depois pacífica, indulgente, conciliadora, cheia de misericórdia e de bons frutos, isenta de parcialidade e de hipocrisia. Um fruto de justiça é semeado pacificamente para aqueles que promovem a paz.

PERGUNTAS E RESPOSTAS

Gostaria que o senhor falasse sobre alimentação e meditação.

Não sou a melhor pessoa para responder a essa pergunta. Gosto de comer e gosto muito de carne, embora coma muito menos carne do que costumava e isso pode ser um resultado da meditação. Creio que a alimentação é uma parte importante da vida espiritual. A nossa atitude em relação à comida é ainda mais importante do que aquilo que comemos. Será que nos alimentamos para satisfazer uma necessidade natural ou para tentar preencher um outro tipo de fome, emocional ou espiritual? Seria muito útil lermos o capítulo 39 da *Regra* de São Bento em que ele fala sobre a atitude em relação à alimentação e que tipos de alimento consumir. Ele recomenda uma dieta vegetariana para todos, com exceção daqueles que estão doentes, e não recomenda carne de animais quadrúpedes. Porém permite variedade e escolha considerando a diversidade de temperamentos e necessidades das pessoas. São Bento enfatiza a importância da moderação naquilo que comemos.

Penso que o vegetarianismo é preferível para a vida espiritual, embora o Dalai Lama por exemplo, que é uma pessoa muito lúcida e pacífica, não seja vegetariano no sentido estrito do termo. É muito importante estarmos conscientes de qualquer tendência viciante em nossa relação com a alimentação. E o vício pode se manifestar de duas formas: comer demais ou não comer o suficiente. Pelo fato da nossa necessidade de comida ser um desejo tão básico, este pode se tornar também um desejo muito desordenado. Creio que o princípio-chave com relação à alimentação é moderação e equilíbrio.

Lembro-me de uma história muito interessante relacionada à concepção hindu de *rajas, tamas* e *sattva*[21]:

Um homem está andando numa floresta e é atacado por três ladrões. O primeiro ladrão ameaça matá-lo com uma faca. O segundo ladrão o amarra. E o terceiro ladrão corta as amarras e o leva de volta para casa.

O primeiro ladrão que ameaça matá-lo é *rajas*. O princípio *rajas* na alimentação é representado pelos condimentos, pela comida muito quente ou muito fria, por bebidas alcoólicas.

O segundo ladrão representa o princípio *tamas*. Na alimentação, aquela comida que nos deixa muito pesados e sonolentos, que suponho seja o caso do chocolate e da carne.

O terceiro ladrão que o liberta e o leva para casa é *sattva*, representado na alimentação pela ingestão de verduras, legumes e frutas.

Penso que esses três elementos estão presentes na criação e também em nossa mente. *Sattva* é a integração e harmonização dos outros dois. Cuidar da dieta é uma questão de cuidar do equilíbrio.

---

[21] Segundo a concepção hindu clássica, a matéria (*prakriti*) caracteriza-se pelas três qualidades (*guna*) seguintes: atividade (*rajas*), inércia (*tamas*) e tensão ou harmonia (*sattva*).

O caminho espiritual de qualquer religião pode ser um meio para amenizar a violência e a raiva dos dias atuais, que parecem fora de controle, desenfreadas?

Acho que não há outra alternativa. Devemos desenvolver a consciência no plano espiritual para podermos controlar um pouco a violência e a raiva no nível global. Há uma história interessante de São Bento que descreve a relação entre a consciência contemplativa e a violência. São Bento viveu numa época muito parecida com a nossa, e o equivalente naquela época aos nossos terroristas eram os bárbaros que invadiram a Itália. O rei Átila estava a caminho de Roma quando decidiu parar para conhecer esse senhor santo chamado Bento, não só por curiosidade mas também para caçoar dele. Bento, sendo muito sábio, logo percebeu a intenção do rei e lhe disse: *Você é responsável por muitos males. Você vai chegar a Roma e vencê-la, mas no ano seguinte vai morrer.* O rei, muito surpreso e assustado foi embora humilhado e depois desse evento tornou-se menos cruel.

Essa história ilustra quão forte é a consciência contemplativa e como é capaz de desmascarar a violência. Toda violência é baseada em uma mentira, é amparada no fato de não agirmos de acordo com nosso eu verdadeiro. Quando nosso autoengano é exposto, não temos mais nenhuma justificativa para continuar com a violência. Para isso é necessário desenvolver uma consciência contemplativa forte e muita coragem porque essa consciência terá que confrontar uma outra consciência muito negativa. Um exemplo: alguns meses antes da invasão do Iraque[22] o Papa, o Arcebispo de Cantuária, o Dalai Lama e outros líderes religiosos declararam que a guerra não era justificável. Que

---

[22] Em março de 2003 tropas lideradas pelos Estados Unidos e Inglaterra invadiram o Iraque para depor o Presidente Saddam Hussein.

diferença isso fez para o Presidente Bush e para Tony Blair?[23] Que diferença isso fez para a mídia que estava construindo uma opinião pública favorável à guerra? Não fez muita diferença, mas fez alguma. Muitas pessoas nos Estados Unidos simplesmente não escutaram o que o Papa, o Dalai Lama, o Arcebispo de Cantuária e outros líderes religiosos disseram. Ou porque não leram a declaração desses líderes, que não foi muito divulgada, ou porque suas mentes simplesmente a rejeitaram. Isso inclui muitos católicos devotos que preferiram escolher o julgamento "espiritual" do Presidente Bush em vez da fala do Papa.

Há um versículo do *Livro da Sabedoria* do Antigo Testamento que diz que a esperança da salvação do mundo depende de grande número de pessoas sábias. Felizmente o que vemos no momento presente é que há um número maior de pessoas desenvolvendo a consciência contemplativa, que por sua vez pode expor toda a falsidade que existe por trás de toda violência. Em uma primeira etapa isso poderá simplesmente produzir o efeito de tornar as pessoas violentas menos cruéis, exercendo um certo controle sobre elas, mas penso que num estágio posterior poderá impedir que a violência volte a acontecer, se houver esse grande número de pessoas sábias. Por isso os líderes de todas as religiões não deveriam somente se unir para fazer declarações contra a guerra, mas também para desenvolver a consciência espiritual dos membros de cada religião.

Gostaria de saber se a meditação é praticada por todas as religiões e se pode ser praticada, independentemente das religiões, como um relacionamento com a consciência maior ou com um ser superior.

---

[23] George W. Bush, Presidente dos Estados Unidos e Tony Blair, Primeiro-Ministro britânico.

Encontramos a prática da meditação no centro de todas as grandes tradições religiosas. É algo essencial à consciência humana, meditar é natural para nós. Podemos também encontrar a prática da meditação nas religiões nativas, que não podem ser propriamente chamadas de tradições religiosas. Certa ocasião na Austrália, ao final de uma palestra seguida de meditação, um aborígene veio falar comigo e disse: *Você está falando sobre uma tradição de meditação que tem 2 mil anos, mas nosso povo tem praticado isso por 40 mil anos; chama-se didgeri*. Na língua aborígene, *didgeri* significa uma consciência silenciosa, não questionadora.

Estamos descobrindo hoje que podemos meditar juntos embora pertencendo a diferentes religiões. O problema porém é o nível de percepção popular. Acabo de ler um artigo numa revista brasileira, fruto de uma entrevista que concedi. Foi explicado muito claramente à repórter que ensinamos e praticamos a meditação de acordo com a tradição cristã e que nossa comunidade – a Comunidade Mundial de Meditação Cristã – mantém um maravilhoso diálogo com outras religiões, mas nós meditamos de acordo com uma tradição que vem dos Evangelhos e dos primeiros monges cristãos. Ainda assim o título que a revista deu ao artigo foi *Cristianismo Zen*!

A questão central é que não podemos ter um bom diálogo com outras religiões se não temos consciência da nossa identidade religiosa. Esta é a razão por que considero tão importante que os cristãos redescubram a sua tradição contemplativa e comecem a praticar e ensinar a meditação, para que isso nos leve ao fundamento básico que compartilhamos com outras religiões. O episódio com a revista mostra que a mudança de consciência na sociedade não vem por intermédio da mídia. Esta simplesmente reforça ideias ou preconceitos já existentes. A transformação da consciência vem de nós e do Espírito Santo que se move entre nós.

A vida como uma jornada espiritual

Sobre o movimento de ida e volta na vida pensamos e repensamos as coisas. Por um lado temos condições de modificar algo em nós que não está bom, mas por outro lado a maldade é liberada pela decisão de algumas pessoas, como ocorre nas guerras. É como se fosse um labirinto.

O símbolo do labirinto é somente um dentre muitos e podemos olhar para ele de maneiras diferentes. Se projetarmos o labirinto em uma dimensão diferente, ele se torna uma espiral. O labirinto reflete sim, de certa maneira, o sentimento que temos de estar aprendendo a mesma lição de novo, repetidamente; de que a vida nos leva a uma direção e depois parece nos trazer de volta a outra. É um símbolo que expressa o sentido de ordem e direção na vida, e que muitas vezes pode parecer caótico ou sem significado. Não se esqueçam de que ao olharmos para a figura do labirinto estamos observando de cima, podemos ver todo o padrão. Mas quando trilhamos o labirinto na vida diária, cada passo é uma decisão nova, é um novo ato de liberdade. Com certeza liberdade é parte de nossa vida, de nossa jornada espiritual, e o objetivo é aumentar o nosso espírito de liberdade. Mas liberdade não significa somente liberdade de escolha. A sua essência é reconhecermos a verdade e nos entregar a ela. Quando temos medo da verdade ou quando a negamos, não estamos exercendo a verdadeira liberdade.

Quanto à questão da violência começar com o ato de um indivíduo, digo que não acredito que os atos violentos sejam isolados. Eles sempre ocorrem juntos e em conjunção com um outro ato de violência. Por exemplo, se estamos andando pela rua e alguém nos agride, essa pessoa está reagindo a um ato de violência que foi praticado contra ela de alguma forma em algum ponto no tempo. Infelizmente fomos nós os escolhidos para receber esse ato de violência da parte dela. Outro exemplo é o 11 de setembro[24]: os norte-americanos não conseguiam entender por que aquilo tinha acontecido a eles. Diziam: *É um ato de pura maldade*. É claro que foi um ato de maldade e é certo que tal ato não se justifica, mas na mente das pessoas que o cometeram havia uma razão para o que fizeram. O mesmo ocorre com os homens-bombas, os palestinos suicidas que moram em Israel. O governo de Israel diz: *Isso é pura maldade*. No entanto os palestinos veem a si próprios como as vítimas da maldade. Penso que toda violência deve ser entendida como parte de um ciclo de violência.

Vamos fazer agora um último período de meditação.

Finalizamos com as palavras de Jesus do Evangelho de São João 14, 27: "Deixo-vos a paz, minha paz vos dou; não vo-la dou como o mundo a dá. Não se perturbe nem se intimide vosso coração."

---

[24] Ver nota 3 na pág. 124.

O entendimento do perdão

Inicialmente vamos refletir sobre o significado do perdão, depois faremos uma meditação em grupo, que considero o momento mais importante, e no final teremos oportunidade para discussão e perguntas. A meditação é essencial porque só podemos compreender e exercer o perdão a partir de um plano mais profundo de consciência, o qual apenas é alcançado pela prática da meditação.

Isto tem consequências cruciais para nós, no mundo atual. Se vamos procurar uma forma nova de resolver conflitos, de terminar com o ciclo de violência, então temos que desenvolver uma consciência espiritual global.

A meditação é uma prática antiga, universal, encontrada em todas as grandes tradições espirituais da humanidade. É um modo de pessoas de diferentes religiões encontrarem um terreno comum, como seres humanos. É importante que cada religião descubra a sua forma de meditar a partir de suas próprias raízes. Talvez o maior desafio para o cristianismo hoje seja justamente resgatar de suas tradições as práticas de oração contemplativa, como a meditação, e ensiná-las aos seus seguidores. O segundo grande desafio, derivado do primeiro, é o cristianismo dialogar e construir amizade com outras religiões. Sem a adoção da profundidade contemplativa no cristianismo não conseguiremos manter tal diálogo.

Às vezes é difícil comunicar a ideia de que o cristianismo também tem uma rica tradição contemplativa e de meditação. Há poucos dias dei uma entrevista para uma revista em São Paulo na qual falei sobre a tradição cristã de meditação, que remonta ao tempo dos Evangelhos e dos monges da Igreja Primitiva, e foi redescoberta por D. John Main e outros. Disse à repórter que como resultado da revitalização da prática de contemplação cristã havíamos estabelecido diálogo com o Dalai Lama e outros grupos religiosos. A repórter também visitou um dos grupos de meditação cristã em São Paulo e conversou com os praticantes. Ela parecia uma pessoa inteligente. Para minha surpresa, a despeito de toda explicação, a manchete do artigo foi "Cristianismo Zen"!

Isso não tem tanta importância porque as pessoas esquecem os artigos de revistas ainda mais depressa do que as palestras. Não obstante é um indicador da dificuldade que é para nós mesmos lembrarmos que no Ocidente também temos uma tradição mística e de meditação. Creio que precisamos de uma mudança de consciência na sociedade e no mundo. Talvez um grande erro que cometemos seja acreditar que são os meios de comunicação que alteram a consciência. Não creio que a mudem, o que eles fazem é repetir para nós as nossas próprias ideias e até os nossos preconceitos. Quem transforma a consciência somos nós mesmos e nossa prática espiritual.

Deixem-me contar uma piada inglesa, embora às vezes o humor inglês não sobreviva à tradução. Não fiquem embaraçados se não conseguirem rir. É uma história de Sherlock Holmes, famoso detetive inglês, e seu assistente, Dr. Watson, que saem juntos para acampar. Quando encontram um local adequado montam a sua barraca, cozinham, fazem a refeição e entram na tenda para dormir. No meio da noite os dois acordam ao mesmo tempo. Sherlock Holmes está sempre testando os poderes de observação e dedução do Dr. Watson. Ele pergunta ao Dr. Watson: *Diga-me, meu amigo, o que você está observando e deduzindo das suas observações?* O Dr. Watson está sempre tentando impressionar e agradar Sherlock Holmes; pensa por alguns instantes e responde: *Bem, olho para cima e vejo esse imenso Universo ao nosso redor. Olho as estrelas e esse Universo gigantesco que está se expandindo há milhões de anos. O tamanho do Universo é mais do que conseguimos imaginar. Também me dou conta de que 80% desse Universo é matéria escura, ou seja, misteriosa, não sabemos o que é. Percebo ainda que somos apenas uma faisquinha de poeira na periferia desse Universo todo. Somos insignificantes! E apesar de tudo talvez sejamos a única espécie consciente no Universo. Então ao olhar para o céu noturno fico maravilhado e cheio de humildade!* O Dr. Watson continuou nesse mesmo tom por vários minutos e então perguntou a Sherlock Holmes: *Estou certo? Fiz uma observação correta?* Sherlock Holmes responde: *Não exatamente, Dr. Watson. A sua primeira observação deveria ter sido de que alguém roubou a barraca!*

O significado da história é que devemos começar por aquilo que é óbvio. E o que me parece claro é que o Evangelho nos mostra que há dois grandes pilares nos ensinamentos de Jesus. É evidente que Jesus é um mestre de contemplação. Assim, quando Ele fala em oração, não fala de ir à sinagoga, nem de observar rituais religiosos, e sequer fala muito em acreditar em algo. Talvez Ele considerasse isso um pressuposto, já que todos os seus ouvintes eram praticantes da religião e frequentavam a sinagoga. Mas esta não é a sua ênfase. Na realidade Ele até nos previne contra os perigos de uma religião exterior e nos adverte: "E quando orardes, não sejais como os hipócritas, porque eles gostam de fazer oração pondo-se em pé nas sinagogas e nas esquinas, a fim de serem vistos pelos homens."[1] Em outras palavras: Não vão em busca de aprovação externa. Esse perigo não é exclusivo das pessoas religiosas, mas é particularmente perigoso para elas. Jesus diz: "Tu, porém, quando orares, entra no teu quarto e, fechando tua porta, ora a teu Pai que está lá, no segredo."[2] O que quer dizer: Vão para a sua sala interior, para a câmara do seu coração. Orem ao seu Pai que está nesse local secreto.

Para entender o significado do ensinamento de Jesus temos que entender o significado do Pai. Em um dos encontros que nossa comunidade teve com o Dalai Lama fizeram-lhe uma pergunta: *Se o senhor se encontrasse com Jesus e pudesse fazer uma pergunta a Ele, qual seria a pergunta?* A resposta imediata do Dalai Lama, cuja rapidez me surpreendeu, foi: *Perguntaria a Ele qual é a natureza do Pai*. Suponho que é uma pergunta que não tenha sido formulada por muitos cristãos. Jesus nos dá uma dica, Ele nos diz para encontrarmos este mistério de Deus dentro de nosso coração.

O restante do seu ensinamento sobre a oração também reforça essa dimensão de interiorização. Ele diz que em primeiro lugar devemos rezar com um mínimo de palavras, não falar demais: "Nas vossas orações não useis de vãs repetições, como os gentios, porque imaginam que é pelo palavreado excessivo que serão ouvidos. Não sejais como eles, porque vosso Pai sabe do que tendes necessidade antes de lho pedirdes."[3] Se realmente ouvíssemos esse ensinamento, imaginem como seriam diferentes nossas formas comuns de oração! Depois Ele diz para que as pessoas não se preocupem, não fiquem excessivamente

---

[1] *Mateus 6, 5*
[2] *Mateus 6, 6*
[3] *Mateus 6, 7-8*

apreensivas sobre suas necessidades materiais: "Não vos preocupeis com a vossa vida quanto ao que haveis de comer, nem com o vosso corpo quanto ao que haveis de vestir."[4]

Em outras palavras: Desenvolvam calma e tranquilidade na mente para o seu momento de oração. Jesus diz ainda para focarmos bem o nosso objetivo primeiro no Reino dos Céus e que tudo o mais nos será acrescentado. "Buscai, em primeiro lugar, o Reino de Deus e a sua justiça, e todas essas coisas vos serão acrescentadas."[5] Finalmente, neste capítulo 6 do Evangelho de São Mateus, Jesus propõe vivermos o momento presente e diz: "Não vos preocupeis, portanto, com o dia de amanhã, pois o dia de amanhã se preocupará consigo mesmo. A cada dia basta o seu mal."[6]

Se reunirmos esses elementos da doutrina espiritual de Jesus veremos que é um ensinamento sobre contemplação. Não rejeita outras formas de oração e a meditação não é um substituto para diferentes formas de oração na vida religiosa cristã ou na vida religiosa em geral. Acho que até Sherlock Holmes concordaria que essa é uma dedução óbvia: por meio das suas orientações sobre a oração, Jesus ensinava a contemplação.

O outro grande pilar dos ensinamentos de Jesus no Evangelho é a não violência. Jesus diz para não reagirmos violentamente à violência. Recomenda amarmos os nossos inimigos e orarmos por aqueles que nos perseguem. Ele não apenas transmitia esse ensinamento por palavras, mas o vivia em sua própria vida. Durante o seu julgamento, diante do Sumo Sacerdote, um soldado

---

[4] *Mateus 6, 25*
[5] *Mateus 6, 33*
[6] *Mateus 6, 34*

o golpeia na face e Jesus, de uma forma muito tranquila, diz: "Se falei mal, testemunha sobre o mal; mas se falei bem, por que me bates?"[7]

Essa pergunta: "Por que me bates?" é a base de toda a prática da não violência. É também um elemento essencial do processo do perdão do qual falaremos logo mais. Quando eu estava nos Estados Unidos, no dia 11 de setembro[8], por vários dias ouvi as pessoas se perguntarem: *Por que isso aconteceu conosco?* Passado algum tempo porém interromperam o questionamento e como era de se prever sua reação mudou, passou a ser violenta. Violência em resposta à violência. Perguntar: *Por que você me atacou?* quando somos agredidos ou traídos é uma reação natural, no entanto é difícil continuar repetindo a pergunta.

O ensinamento do perdão é uma parte essencial do ensinamento da não violência. E é parte do Pai Nosso, oração que resume os ensinamentos de Jesus. Ele viveu o perdão até seus últimos momentos de vida; a última coisa que faz na cruz é perdoar seus inimigos: "Pai, perdoa-lhes: não sabem o que fazem."[9] Nos Seus ensinamentos não há argumentos do tipo *Teoria da guerra justa*. Como outros grandes mestres, transmite um ensinamento simples, mas desafiador e categórico sobre a não violência.

Se esses são de fato os dois grandes sustentáculos dos ensinamentos de Jesus – a contemplação e a não violência – poderíamos perguntar: Por que na história cristã eles não foram enfatizados? Por que não somos familiarizados com a prática da

---

[7] *João* 18, 23
[8] Ver nota 6 na pág. 118.
[9] *Lucas* 23, 34

contemplação na vida cristã? Por que ela não nos é ensinada quando crianças? Por que não é parte da vida normal de qualquer paróquia ou comunidade cristã? Por que a história do cristianismo frequentemente foi tão violenta? Tivemos grandes mestres da não violência, como Francisco de Assis, mas existiu também em nossa história a violência institucionalizada. Se quiséssemos responder a todas essas perguntas ficaríamos aqui vários dias.

Suponho que uma contraposição possível é que talvez tenhamos deixado de perceber a ligação entre esses dois ensinamentos. Vejamos então a nossa própria experiência do perdão. Quantos de nós concluímos em algumas circunstâncias que era impossível perdoar? Lemos o Evangelho, vemos o exemplo de Jesus e somos inspirados por isso, mas quando nós próprios somos feridos, traídos ou atacados, às vezes achamos impossível perdoar. Nós nos autointitulamos cristãos, mas muitas vezes deixamos de entender e viver o papel central desses dois ensinamentos de Jesus. Talvez não devêssemos estar tão prontos a nos intitular cristãos. Conheci uma mulher negra norte-americana, poetisa, que ao ser perguntada em uma entrevista: *Você é cristã?* deu uma risada e respondeu: *Não sei, mas espero me tornar ainda antes de morrer!* Talvez a medida certa seria nos chamarmos de discípulos de Jesus, e que estamos tentando aprender os seus ensinamentos.

Em geral não conseguimos ver com clareza a relação entre contemplação e não violência, ou seja, não conseguiremos praticar a não violência a não ser que estejamos abertos para a dimensão contemplativa da nossa consciência. Efetivamente, sem essa consciência contemplativa o perdão parecerá impossível ou mesmo absurdo. Podemos até pensar: *Jesus está errado neste ponto da não violência. Isso não é possível, não é prático!* Ele diz que ao praticarmos a não violência estamos em harmonia com a nossa verdadeira natureza de filhos de Deus. Em outras palavras: em Deus não há violência. Assim, se agimos violentamente, estamos sendo incoerentes com a nossa verdadeira natureza de criaturas criadas à imagem e semelhança de Deus. Significa dizer que a não violência nos conduz a uma compreensão mais profunda da nossa natureza e da natureza de Deus. "Deveis ser perfeitos como o vosso Pai celeste é perfeito."[10]

Como o perdão entra nesse quadro? Ele é o cerne da vida moral. Existe uma percepção tipicamente cristã sobre o perdão ser a nossa maneira de partilhar com os outros a nossa natureza divina. É uma visão bastante diferente por exemplo, do ponto de vista do Presidente Bush ou do Primeiro Ministro Blair, ambos cristãos, diga-se de passagem. Penso que os dois acreditavam sinceramente que estavam agindo de maneira correta na sua política em relação ao Iraque[11] e a outras guerras. Imagino que eles e outros em situações semelhantes, veem-se como instrumentos da justiça divina. Ouvimos o Presidente Bush citar a **Bíblia** frequentemente nos últimos meses, mas não o Novo Testamento, certamente não o capítulo 6 de *Mateus*!

Há cristãos que se consideram instrumentos da justiça de Deus ou como instrumentos da violência, que argumentam, é exigida para que a justiça de Deus seja feita. O único problema é que Jesus diz exatamente o contrário e algumas vezes as decisões não são tão simples de serem tomadas! Suponhamos que um terrorista, um louco, sequestrou um ônibus cheio de crianças e vai explodi-lo, e que alguém tenha a possibilidade de matar esse

---

[10] *Mateus* 5, 48

[11] Ver nota 22 na pág. 222.

terrorista antes que ele arrebente o ônibus. Provavelmente vocês diriam: *Pode atirar nele!* Vocês não teriam prazer em dar essa ordem, mas seria o menor dos dois males. Não diriam que essa é a melhor expressão da sua natureza profunda, estariam fazendo isso com grande tristeza, mas achariam que seria a coisa certa.

As nações e seus governantes no entanto, não entram em guerra umas contra as outras com profunda tristeza ou arrependimento. E a vencedora festeja a vitória. Sabemos exatamente quantos soldados americanos e britânicos morreram até agora nessa guerra, mas não temos conhecimento de quantos iraquianos, militares ou civis, foram mortos.

O problema é complexo e a vida exige decisões morais difíceis. Dizer que estamos agindo em nome de Deus quando cometemos violência é uma contradição com os ensinamentos de Jesus no Evangelho, porque o que Ele diz é para amarmos os nossos inimigos. O perdão é a palavra equivalente a amor quando se trata dos nossos inimigos. Ao sofrer uma injustiça, seja real ou imaginária, defrontamo-nos com a oportunidade e o desafio do perdão, e é preciso escolher o perdão como nossa resposta. É muito difícil e há situações em que perdoar pode se tornar quase impossível.

Precisamos entender um pouco como a violência é gerada. Na passagem do Antigo Testamento em que Caim matou Abel temos uma boa descrição da forma como a violência é engendrada na mente humana. Eles eram dois irmãos que fizeram suas oferendas a Deus. A oferenda de Abel era agradável a Deus e a de seu irmão não era. Caim se encheu de tristeza e raiva. Deus disse a Caim: "Por que estás irritado e por que teu rosto está abatido? ...não jaz o pecado à porta, como animal acuado que te espreita; podes acaso dominá-lo?"[12] Porém Caim não ouviu essa

---

[12] *Gênesis* 4, 6-7

voz interior, saiu com seu irmão para o campo e o matou. Foi o primeiro assassinato.

Quando nos sentimos vítimas de uma injustiça ficamos primeiramente tristes e depois com raiva. Se fomos traídos pelo cônjuge, pelo namorado ou por um amigo, a primeira reação é de tristeza. A tristeza pode rapidamente se transformar em raiva e a seguir provavelmente a raiva passará para o estágio da violência.

Temos uma margem de oportunidade situada entre o momento em que surge a raiva e aquele em que ela pode se transformar em violência. É nesse espaço tão pequeno quanto a semente de mostarda e tão grande quanto o Universo, como dizem as *Upanishads*[13], o espaço do coração humano, que temos de formular a pergunta de Jesus: "Por que me bates?" Com frequência perdemos essa oportunidade e também repetidamente esquecemos o coração, ou nosso eu verdadeiro. É nesse espaço que podemos nos virar para o lado do bem, mesmo estando face a face com o mal.

Nessa esfera do Espírito é que temos a faculdade de praticar o autocontrole e a moderação. Em tal momento é que compreendemos ser a violência não um ato de justiça, mas uma atitude que nos permitimos por estar num estado de consciência inferior, mais primitivo, e comprova isso o fato de muitas vezes experimentarmos o prazer ao praticá-la. É também nesse espaço do coração que podemos deixar de nos enganar e começar a perceber que toda violência na realidade é um autoengano. É nessa

---

[13] Textos escritos por sábios da Índia entre os séculos 8º e 4º a.C.; são a base da filosofia Vedanta; constituem os ensinamentos dos sábios sobre a experiência mística; como parte dos *Vedas*, as *Upanishads* são consideradas escrituras reveladas.

região da consciência, aberta pela meditação, que somos capazes de amar nossos inimigos.

Quando buscamos o bem, e até mesmo o bem dos nossos inimigos, o Universo pára e observa. Porque o mal foi vencido pelo bem. A violência nunca porá fim a ela mesma. Quem acredita realmente que a invasão do Iraque extinguirá o terrorismo? É no âmbito do verdadeiro perdão que o mal é vencido pelo bem, assim como ele o foi na própria cruz. Portanto o único jeito de praticarmos o perdão é conseguindo permanecer nesse espaço por um tempo suficiente. A partir do momento em que começa a atacar verbal ou concretamente o seu inimigo, você pode esquecer do perdão por um bom tempo.

Então o que é o perdão? Vamos começar dizendo o que ele não é. Perdão não é dizer: *Olha, esquece, não tem importância, faz de conta que nunca aconteceu!* Não é isso. Perdoar não é negar que uma injustiça foi cometida. Vimos isso na Comissão da Verdade e Reconciliação na África do Sul, no fim do *apartheid*[14]. O novo governo tinha de resolver o que fazer sobre os últimos 50 anos de assassinatos, injustiças e torturas. Virar a página e começar do zero? E o que dizer das vítimas? A Comissão da Verdade e Reconciliação concluiu que não seria possível tratar de todos os casos individualmente mas poderia colocar as vítimas e seus perseguidores, seus algozes, face a face e estes, se admitissem o erro que cometeram, receberiam anistia! Em quase todos os casos a vítima não clamou por vingança porque o perdão começara a acontecer dentro do seu coração.

A primeira coisa que é preciso compreender a respeito do perdão é que ele tem de ser verdadeiro. Devemos também

---

[14] Política de segregação racial praticada na África do Sul até o início dos anos 90.

entender que o perdão se dá por etapas, é um processo, e que precisamos entender esse processo porque o perdão é a única alternativa para se contrapor à violência. Esta é a pior epidemia que jamais se abateu sobre a raça humana. Até agora não fomos muito hábeis em exercer controle sobre ela. Se pretendemos controlá-la globalmente é necessário primeiro entender, individualmente, o que significa perdão. Em outras palavras precisamos encontrar o reino interior antes de começar a implantar o Reino de Deus exteriormente!

Vamos examinar alguns estágios do processo do perdão:

No primeiro estágio devemos ser honestos conosco mesmos sobre o que estamos sentindo. Quando somos a vítima às vezes queremos matar o inimigo! Talvez não matar, mas ferir, destruir a reputação dele! E ao mesmo tempo nos sentimos culpados, porque afinal somos cristãos e vamos à igreja aos domingos! Sejam honestos com o que estão sentindo. É perfeitamente natural sentir raiva, ter sentimentos negativos. Se necessário sentem-se e escrevam todas aquelas cartas horríveis que querem mandar para as pessoas que magoaram vocês, mas não as coloquem no correio. O primeiro estágio é simplesmente estar ciente dos seus próprios sentimentos envenenados.

No segundo estágio reconhecemos que não é agradável sentir-se assim e dizemos para nós mesmos: Gostaria de me sentir melhor! Não gosto de me sentir assim porque não posso dormir à noite! Esse sentimento está estragando o meu viver e estou tropeçando nele em tudo o que quero fazer. É um fardo pesado no meu coração e não consigo tirá-lo de lá. Esses dois primeiros estágios são fáceis, o próximo requer mais esforço.

O terceiro estágio consiste em tentar entender por que a outra pessoa agiu da forma como agiu. De novo a pergunta de Jesus: "Por que me bates?" Não é preciso perguntar diretamente à pessoa, mas tentar da melhor forma possível se colocar na mente do outro e ver em que estado mental estava a pessoa quando fez o que fez a você.

É difícil, mas vocês ficarão surpresos com o que vão enxergar a partir desse ponto de vista. Pode acontecer também de vocês não verem nada e de não terem nenhuma grande revelação. Mas o mero fato de tentarem já vai levá-los ao quarto estágio do processo do perdão. Aqui vocês estarão ainda carregando a dor sem transmiti-la a outros. Já ouviram a voz de Deus para Caim e esperaram. Começa então a se desenrolar o quarto estágio.

Nele é que começamos a nos sentir melhor. Parte daquele veneno está sendo neutralizado dentro de nós. Começa a ocorrer uma cura emocional em nosso interior. Pode ser um processo longo, mas num certo momento vai conduzir ao quinto e último estágio, aquele em que se inicia a compaixão. Não é possível tentar sentir compaixão por alguém. É algo que deve acontecer espontaneamente. Quando ela surge em seu coração e se dirige ao inimigo revela a sua verdadeira natureza ou a natureza divina se manifestando dentro de você.

Um dia você encontra a pessoa que vinha odiando, aquela pessoa que queria até matar, e sente compaixão mesmo sem ter trocado uma única palavra com ela desde que o magoou. Todo esse processo de perdão acontece dentro do seu coração. E quando a compaixão é libertada, a vida começa a adquirir um novo significado e uma nova liberdade. Na realidade crescemos com esse processo de perdão, passamos a nos conhecer de maneira mais profunda, e depois de algum tempo estaremos até agradecidos à pessoa pelo que nos fez viver.

Assim, é importante saber que o processo de perdão se desenrola estágio a estágio, interiormente, ao longo de um período de tempo. Basicamente é um processo de cura acontecendo dentro de nós. A reconciliação pode acontecer ou não. Perdão não é o mesmo que reconciliação. O perdão precisa de uma só pessoa para acontecer, a reconciliação precisa de duas. E pode ser mais difícil, porque talvez a outra pessoa também se sinta vítima. A maioria das situações da vida não é simplesmente um confronto onde um é a vítima e o outro o algoz. Pode ser assim, mas comumente não é.

Penso que Sherlock Holmes diria que é óbvio o lugar que a meditação ocupa em todo esse processo. Em primeiro lugar a meditação é uma prática que nos leva a ser sumamente verdadeiros conosco. Se vocês estão se sentindo muito magoados, com raiva, muito violentos, esse é o melhor momento para meditarem. Se não enfrentarem a verdade do que estão sentindo, vocês nunca vão chegar à cura, ao perdão. Muitas pessoas dizem que não conseguem meditar quando estão nesse estado turbulento. Ora, a meditação não é entrar num banho de imersão morninho ou beber uma cerveja gelada numa noite agradável.

A meditação é um trabalho espiritual, conduz a uma percepção clara dos nossos sentimentos e da nossa verdadeira natureza. A meditação leva-nos ao nosso coração, àquele lugar que Jesus diz que temos que entrar para orar. Aí descobrimos o verdadeiro significado dos Seus ensinamentos sobre contemplação e não violência. E percebemos então que não são ideais impossíveis, são na realidade a nossa verdadeira natureza. E aceitando essas verdades sobre a nossa natureza aceitamos a nós mesmos e podemos avançar para a união com Deus. Acredito que é somente por este aprofundamento na consciência contemplativa que podemos começar a entender o perdão e a não violência, e efetivamente passar a praticá-los.

O entendimento do perdão

Vamos agora ter um período de meditação em conjunto antes de passarmos às perguntas.

Primeiramente em pé movamos os braços, pernas, pescoço, para tirar as tensões. Meditação é simplesmente um processo de vir para o momento presente. Deus está sempre no presente! O corpo também está sempre no presente! A mente em geral vive no passado, no futuro ou na fantasia! Permitam que a mente e o corpo juntem-se de novo. Na meditação não vamos pensar, lembrar ou planejar. Na meditação vamos nos mover da mente para o coração, das palavras para o silêncio. Deixem que os ombros relaxem, que os braços fiquem pendurados e sintam como a força da gravidade nos prende ao chão. Agora alonguem-se para cima a partir dessa raiz e façam algumas inspirações. John Main costumava dizer que a meditação é tão natural para o espírito como a respiração para o corpo. Vamos prestar atenção apenas à respiração por alguns momentos e deixar a nossa atenção se afastar dos pensamentos, dos planos, das lembranças. Na meditação não lutamos contra os nossos pensamentos ou sentimentos, simplesmente permitimos que eles vão embora.

Na tradição cristã de meditação seguimos uma disciplina muito simples de atenção. Tomamos uma única palavra ou uma expressão curta, um mantra, e a repetimos silenciosamente, interiormente, durante todo o período de meditação. A palavra que recomendo é *Maranatha*[15], porém vocês devem tomar uma palavra que seja sagrada na tradição a que vocês pertencem.

Vamos meditar por 20 minutos e finalizar com uma leitura.

---

[15] 1 *Coríntios* 16, 22 e *Apocalipse* 22, 17

Ouçamos as palavras de Jesus no Evangelho de São Lucas.

> Interrogado pelos fariseus sobre quando chegaria o Reino de Deus, respondeu-lhes: A vinda do Reino de Deus não é observável. Não se poderá dizer: Ei-lo aqui! Ei-lo ali!, pois eis que o Reino de Deus está no meio de vós.[16]

PERGUNTAS E RESPOSTAS

A palavra violência vem de concentração de força. Em uma passagem do Evangelho Jesus diz que "O Reino dos Céus sofre violência, e violentos se apoderam dele"[17]. Isso não seria uma forma de violência contra si próprio? Essa violência é boa?

Penso que nessa passagem, como em outras, muito do seu significado depende da tradução. Creio que o verdadeiro significado do que Jesus disse é que transcender a si mesmo não é fácil e que requer certa quantidade de esforço e muita perseverança. Talvez possa ser interpretado, erroneamente, na minha opinião, como uma forma de violência contra si.

De fato em muitas tradições religiosas há uma certa forma de espiritualidade que envolve alguma violência contra si. Por exemplo, se você sente algum impulso que na sua opinião vai contra o que recomenda a sua jornada espiritual, você precisa, por assim dizer empregar uma certa violência para impedir que esse instinto se manifeste. O problema com esse tipo de espiritualidade é que ela não erradica os instintos, apenas os desloca para uma outra área de sua psique.

---

[16] *Lucas* 17, 20-21
[17] *Mateus* 11, 12

O entendimento do perdão

O objetivo de qualquer prática espiritual é libertar a pessoa das forças da repressão, permitir que todos os aspectos da pessoa possam ser libertados, porém integrados. Claro que isso não significa nos permitir qualquer instinto ou apetite, porque isso não seria liberdade e estaríamos simplesmente sob o controle dos nossos impulsos egoístas, ou o que é mais usual, estaríamos sendo controlados por nossas forças inconscientes. Muitas vezes não entendemos por que agimos da forma como agimos; a razão é que há forças inconscientes em ação.

A palavra que eu empregaria na tradução dessa passagem não é violência, mas disciplina, porque certamente ela é necessária para se aprender qualquer coisa. É fundamental até mesmo para a liberdade. Se não praticamos a disciplina seremos controlados, até escravizados, por nossos medos e desejos. Ela não é o mesmo que punição ou violência. E a única disciplina espiritual que funciona é aquela que foi escolhida e aceita com liberdade. Se praticamos uma disciplina em virtude de uma compulsão, seja ela interna ou externa, essa prática será improdutiva ou contraproducente.

Vemos isso claramente no processo de meditação. Meditação é uma prática que requer perseverança. Se vocês meditam uma vez a cada dois anos não esperem ver muito progresso. Meditação é uma prática que naturalmente se integra em nossa vida e em nossa rotina diária. Percebemos por meio dessa prática uma integração do nosso ser, uma cura em nós mesmos e maior liberdade. Mesmo estando cientes desses benefícios a meditação ainda é uma disciplina. Então em primeiro lugar temos que querer praticá-la. E se queremos, devemos buscar maneiras de apoiar a prática da disciplina. Uma forma muito natural e conveniente é nos reunir com outras pessoas e praticar a meditação juntos para desfrutar do apoio da comunidade. De fato, algumas vezes pode ser difícil praticar qualquer disciplina, mas não creio que isto seja violência, no sentido comum da palavra.

O senhor não acha que é muito difícil e que necessitamos de muita coragem para perguntar a alguém por que agiu de forma injusta e cruel conosco?

Sim, é preciso coragem para perguntar por que alguém nos tratou de maneira injusta ou cruel. E é difícil porque nos obriga a reavaliar a situação toda. Em muitos casos acabamos por entender a situação de modo diferente daquele como entendemos quando fomos atingidos. Por exemplo, se fomos traídos por alguém, naquele momento todas as experiências anteriores de perda que vivenciamos vão ser desencadeadas em nosso emocional. Nesse momento talvez sejamos incapazes de ver as particularidades daquela situação que estamos vivendo. E dizemos para nós mesmos: *Aconteceu de novo!* Precisamos de coragem sim, mas fazemos a pergunta porque é necessário entender o significado real daquilo que ocorreu. Quando a nossa percepção de nós mesmos é a de vítima, podemos ficar presos a essa visão de uma forma muito negativa. Parece que há algo em nossa cultura que quase nos encoraja a nos enxergarmos como vítimas permanentes. E o que acontece com as vítimas é que elas se tornam perseguidoras. É uma pergunta difícil, mas é um questionamento que nos liberta e nos cura. E também resgata a nossa dignidade, pois não existe muita dignidade em nos sentirmos vítimas.

Minha pergunta é muito prática. Sou professor secundário e lido o tempo todo com jovens. Na tentativa do ecumenismo falamos muitas vezes não apenas do perdão entre as nossas confissões cristãs, mas sobretudo de uma atitude de não violência. Contudo é frequente os jovens nos trazerem o Antigo Testamento como um exemplo vivo e contraposto ao que diz Jesus nos Evangelhos. Algumas passagens, como a de Gedeão no Livro dos Juízes, incitam diretamente a uma atitude de guerra. Recentemente um aluno me perguntou por que Deus mandou o povo hebreu para a Palestina habitada por outros povos e mandou matá-los quando havia tanto espaço na terra. A resposta pura e simples é de que o Antigo Testamento está errado ou é má tradução? Ou aquilo é invenção do autor sagrado? Somos colocados em uma situação sem saída; nossos irmãos evangélicos, principalmente, não aceitam nenhuma forma de contemporização. Em função disso a minha pergunta: Como agirmos para demover uma atitude tão agressiva que é tão comum a todos nós cristãos?

Penso realmente que a sua pergunta vai ao encontro de um problema, um desafio que o cristianismo defronta hoje. Suponho que como professor você também enfrenta um grande desafio e tem ainda uma boa oportunidade de reestruturar a percepção dessas jovens mentes para o cristianismo. Eu recomendaria um livro que talvez seus estudantes considerem um pouco pesado, *A Violência e o Sagrado*, do antropólogo francês René Girard. Muitos de nós nos sentimos embaraçados ou mesmo enganados com tanta violência em nossas Escrituras Sagradas. Mas é possível ver a Bíblia de outra maneira e perceber que a violência está nos seres humanos e não em Deus. Jesus incorpora claramente a não violência aos seus ensinamentos. O desafio para o pensamento cristão é mudar inclusive a maneira como enxergamos a cruz. Conheço muitas pessoas que não são atraídas pelo cristianismo porque a cruz é um símbolo muito violento. Elas preferem Buda, sentado em meditação pacífica. Naturalmente o próprio Buda viveu grande turbulência interior e enfrentou muitas lutas para chegar finalmente a essa paz.

Muitos de nós perguntamos: *Por que Jesus teve que sofrer daquele jeito?* Não sei o que disseram a vocês, mas o que disseram a mim é que foi porque Adão e Eva comeram uma maçã. Isso deixou Deus muito zangado e fez com que Ele expulsasse os dois do Paraíso e ainda mandasse seu Único Filho para sofrer por nós, outros humanos, para pagar essa dívida. Parece que é uma simples operação contábil. Depois vêm nos dizer que Deus é Amor, Deus o ama desde que você não infrinja nenhuma regra! Se quebrar as regras vai para o inferno! Portanto há alguma coisa de errado aqui, estamos diante de uma contradição. Se começarmos a compreender Jesus, a cruz e a ressurreição no contexto progressivo do entendimento da natureza de Deus como não violência, então a cruz começa a adquirir um significado diferente. Torna-se um símbolo supremo de não violência, da natureza não violenta e do puro amor de Deus.

O que a cruz faz é expor a verdade sobre a violência do ser humano e a mentira de se relacionar religião com violência por meio da ideia de sacrifício. Jesus nos diz: "... e a verdade vos libertará."[18] O que a cruz faz é nos dizer a verdade. Assim sendo, se a interpretarmos corretamente, ela nos libertará da nossa escravidão à violência, que é uma forma de negar a nossa natureza interior divina. É a maneira como eu tentaria trazer a mensagem aos jovens, e não é nada de novo porque ao ler o Novo Testamento é isto que encontraremos escrito lá.

Hoje existe muita publicidade em relação à questão da meditação. Gostaria de saber como é a meditação que leva ao caminho mais autêntico, já que se Jesus meditava e agia, sua meditação era um processo muito dinâmico e integral. Tem sentido hoje uma prática de meditação que me leva a um caminho individual? Ou a prática da meditação deve me levar a um compromisso social?

Se você medita pensando apenas no seu bem-estar pessoal ou em sua iluminação, então o sucesso da meditação será limitado porque a própria natureza da meditação é nos libertar da nossa visão egoísta e autocentrada e nos trazer uma outra

---

[18] *João* 8, 32

realidade. Justamente essa nova visão da realidade é o fato de que estamos em comunhão com as outras pessoas e esta percepção é a base da compaixão. A compaixão é uma força natural tão grande dentro de nós que inevitavelmente leva-nos à ação para reduzir o sofrimento alheio.

Por exemplo, em um certo estágio do nosso desenvolvimento espiritual ficamos dolorosamente muito cientes das nossas necessidades e de que elas não estão sendo atendidas. Essas carências, se insatisfeitas, acabam nos fazendo sentir mais separados e isolados ainda, o que aumenta o nosso sofrimento. Mas se realmente estamos crescendo espiritualmente elas se transformam em pontes entre nós e os outros. O fato de nos conscientizarmos de nossas necessidades e sofrimentos permite-nos enxergar as necessidades e os sofrimentos alheios. Começamos a encontrar os outros em nosso eu e o nosso eu nos outros. E isso faz-nos sentir melhor.

A meditação deve ser apresentada para os que desejam aprendê-la como uma prática que expande nosso senso de comunhão e relacionamento com os outros. É por isso que acho natural que aprendamos meditação a partir de uma tradição espiritual, religiosa, que já tenha embutida dentro de si essa visão. Vivemos em uma sociedade consumista, onde a meditação se tornou uma espécie de bem de consumo, uma mercadoria. A meditação pode ser vendida: *Compre isto e você vai receber aquilo, que é resultado disso!* Temos que estar cientes de uma espiritualidade egoísta ou consumista nos dias de hoje. Não obstante temos que começar de onde estamos e muitas pessoas começam sua jornada espiritual a partir de pontos estranhos. John Main dizia que a meditação cria comunidade. Todas as grandes tradições sempre deram valor à comunidade, à igreja, à *sangha*. A comunidade ou a *sangha* não é a mesma coisa que a sociedade de consumo.

Qual é a relação entre meditação e o Verbo que existia no princípio?

No Prólogo do Evangelho de São João lemos: "No princípio era o Verbo e o Verbo estava com Deus e o Verbo era Deus. No princípio, ele estava com Deus. Tudo foi feito por meio dele e sem ele nada foi feito".[19] "E o Verbo se fez carne, e habitou entre nós."[20]

O Verbo é autoexpressão do mistério de Deus que Jesus chamava de Pai. O Verbo surge do silêncio. O Verbo é a base de tudo que existe, é a autoexpressão de Deus. O propósito da criação é que a Palavra emerja para a plena consciência no mundo todo e depois volte para a sua fonte. São João diz também: "O que foi feito nele era a vida, e a vida era a luz dos homens."[21] Penso que na meditação entramos nesse mistério fundamental de nossa existência. Passamos pela experiência de ver-nos surgindo a partir das mãos criadoras de Deus. Em nossa meditação diária vivemos a experiência de que no núcleo do nosso ser encontramos amor. E ficamos conscientes dele. Temos a percepção de que fomos arremessados à existência pelo amor. O estranho é que possamos oferecer tanta e tão forte resistência a esse fato. Na meditação a própria experiência torna-se incontestável e à medida que esta emerge transforma-nos em indivíduos e conscientiza-nos do que o amor faz e também da nossa identidade única. Ela também nos faz compreender que temos de alguma forma uma semelhança com Deus, compartilhamos da Sua luz.

---

[19] João 1, 1-3
[20] João 1, 14
[21] João 1, 4

Considero tudo isso como o início do nosso caminho de volta à nossa fonte. Os primeiros mestres cristãos eram muitos simples nesta questão. Eles diziam: *Deus se tornou ser humano para que o ser humano pudesse se tornar Deus*. Na meditação permitimos que esse processo, ou melhor, que esse destino torne-se plenamente consciente em nossa vida.

Relação dos encontros realizados com Dom Laurence apresentados nesta obra

Ecumenismo, diálogo inter-religioso e a não violência
Palestra na Pontifícia Universidade Católica de São Paulo por ocasião da realização do Seminário "O Ecumenismo para a unidade do Brasil em um contexto de violência" – 14/8/2001

O jugo suave
Qual é o jugo que Jesus nos oferece e quais são suas outras promessas para nós
Palestra na Basílica do Mosteiro de São Bento em São Paulo – 16/8/2001

O significado da fé
Palestra introdutória ao Retiro de Silêncio realizado no Centro de Retiros Siloé, Vinhedo, SP – 17/8/2001

Quem é Deus?
Primeira palestra no Retiro de Silêncio realizado no Centro de Retiros Siloé, Vinhedo, SP – 18/8/2001

Quem é Jesus?
Segunda palestra no Retiro de Silêncio realizado no Centro de Retiros Siloé, Vinhedo, SP – 18/8/2001

Quem ou o que é o Espírito Santo?
Terceira palestra de um Retiro de Silêncio realizado em Brasília

Compaixão
Quarta palestra no Retiro de Silêncio realizado no Centro de Retiros Siloé, Vinhedo, SP – 19/8/2001

Esclarecendo dúvidas
Sessão de encerramento do Retiro de Silêncio realizado no Centro de Retiros Siloé, Vinhedo, SP – 19/8/2001

Além do sacrifício: compreendendo a violência, religião e meditação
Encontro contemplativo na Associação Palas Athena – 30/7/2002

A nova santidade: espiritualidade para os tempos atuais e meditação
Palestra na Associação Palas Athena – 30/7/2002

A tradição cristã da meditação
Palestra na Universidade de São Paulo – CEPEUSP no Curso de Meditação coordenado pelo Professor Marcos Rojo Rodrigues – 23/5/2003

A vida como uma jornada espiritual
Encontro contemplativo na Associação Palas Athena – 24/5/2003

O entendimento do perdão
Palestra na Associação Palas Athena – 24/5/2003

Obras da Palas Athena Editora

Aceitação de si mesmo e as idades da vida, A *Romano Guardini*
Amar e brincar – fundamentos esquecidos do humano
Humberto R. Maturana e Gerda Verden-Zöller
Ariano Suassuna - o cabreiro tresmalhado
Maria Aparecida Lopes Nogueira
Árvore do conhecimento, A – as bases biológicas da compreensão humana *Humberto R. Maturana e Francisco J. Varela*
Autobiografia: minha vida e minhas experiências com a verdade
Mohandas K. Gandhi
Cálice e a espada, O *Riane Eisler*
Caminho é a meta – Gandhi hoje, O *Johan Galtung*
Coisa mais preciosa, A *Shundo Aoyama Rôshi*
Compaixão ou competição – valores humanos nos negócios e na economia *Sua Santidade o Dalai Lama*
Conquista psicológica do mal, A *Heirinch Zimmer*
Coração da Filosofia, O *Jacob Needleman*
Desafio da comunicação, O – caminhos e perspectivas
M. Maldonato
Deuses do México indígena *Eduardo Natalino dos Santos*
Dhammapada – a senda da virtude *tradutor: Nissim Cohen*
Diálogo – comunicação e redes de convivência *David Bohm*
Diálogo sobre a Natureza Humana *Boris Cyrulnik e Edgar Morin*
Diálogos dos mortos *Luciano de Samósata*

Disciplina Restaurativa para escolas
Lorraine Stutzman e Judy H. Mullet

Educar para a paz em tempos difíceis *Xesús R. Jares*

Ética, solidariedade e complexidade
Edgard de Assis Carvalho, Maria da Conceição de Almeida, Nelly Novaes Coelho, Nelson Fiedler-Ferrara e Edgar Morin

Felicidade – a prática do bem-estar *Ricard Matthieu*

Filosofias da Índia *Heirinch Zimmer*

Gandhi – poder, parceria e resistência *Ravindra Varma*

Grinalda preciosa, A *Nagarjuna*

Habitar humano – em seis ensaios de Biologia-cultural
Humberto R. Maturana e Ximena Dávila Yáñez

História de Irena Sendler, A - A mãe das crianças do holocausto
Anna Mieszkowska

Imaginação moral, A *John Paul Lederach*

Jogos Cooperativos – O jogo e o esporte como um exercício de convivência
Fabio Otuzi Broto

Justiça Restaurativa *Howard Zehr*

Latino-americanos e o Tibete - harmonia na diversidade, Os
Aloma Sellanes Zibech

Livro tibetano do viver e do morrer, O (versão pocket)
Sogyal Rinpoche

Máscaras de Deus, As *Joseph Campbell*
- **Mitologia primitiva – vol. 1**
- **Mitologia oriental – vol. 2**
- **Mitologia ocidental – vol. 3**
- **Mitologia criativa – vol. 4**

Meditação e compreensão da mente *Geshe Lhakdor*

Mente zen, mente de principiante *Shunryu Suzuki*

MITOS E SÍMBOLOS NA ARTE E CIVILIZAÇÃO DA ÍNDIA   *Heirinch Zimmer*

NÃO VIOLÊNCIA NA EDUCAÇÃO   *Jean-Marie Muller*

OLHOS DO CORAÇÃO, OS   *Laurence Freeman*

ORAÇÃO CENTRANTE – RENOVANDO UMA ANTIGA PRÁTICA
M. Basil Pennington

PAIXÕES DO EGO, AS   *Humberto Mariotti*

PARA UMA PESSOA BONITA – CONTOS DE UMA MESTRA ZEN
Shundo Aoyama Rôshi

PEDAGOGIA DA CONVIVÊNCIA   *Xesús R. Jares*

PODER DA PARCERIA, O   *Riane Eiler*

PODER DO MITO, O   *Joseph Campbell*

PRINCÍPIO DA NÃO VIOLÊNCIA, O   *Jean-Marie Muller*

PROCESSOS CIRCULARES   *Kay Pranis*

QUESTÃO ANCESTRAL – ÁFRICA NEGRA   *Fabio Leite*

RESGATE DA UTOPIA, O   *Henrique Rattner*

SAN JUAN DE LA CRUZ   *Patricio Sciadini*

TRANSCENDER E TRANSFORMAR – UMA INTRODUÇÃO AO TRABALHO DE CONFLITOS   *Johan Galtung*

TRANSDISCIPLINARIDADE   *Ubiratan D'Ambrosio*

TRANSFORMAÇÃO DE CONFLITOS   *John Paul Lederach*

TROCANDO AS LENTES – UM NOVO FOCO SOBRE O CRIME E A JUSTIÇA – JUSTIÇA RESTAURATIVA   *Howard Zehr*

VALOR DAS EMOÇÕES, O   *Michael Stocker e Elizabeth Hegeman*

YOGA – IMORTALIDADE E LIBERDADE   *Mircea Eliade*

Palas Athena